bibel leben

Herausgegeben von
Andrea Schwarz

ANSELM GRÜN leitet die Verwaltung der Benediktinerabtei Münsterschwarzach. Er ist geistlicher Berater und Kursleiter für Meditation, tiefenpsychologische Traumdeutung und Kontemplation. Mit seinen zahlreichen Veröffentlichungen zu spirituellen und biblischen Themen gehört er zu den meistgelesenen geistlichen Autoren.

ANDREA SCHWARZ ist ausgebildete Industriekauffrau und Sozialpädagogin und heute in der Seelsorge und als Referentin tätig. Die vielfach übersetzte Schriftstellerin ist Herausgeberin von »bibel leben«.

ANSELM GRÜN

Die Freude wird vollkommen sein

Die Botschaft des Paulus an die Christen in Philippi

HERDER

FREIBURG · BASEL · WIEN

www.herder.de

Als Bibeltext ist zugrunde gelegt:
Die Bibel. Die Heilige Schrift
des Alten und Neuen Bundes.
Vollständige deutsche Ausgabe

AΩ
DIE BIBEL

Druck und Bindung:
fgb · freiburger graphische betriebe
www.fgb.de

Gedruckt auf umweltfreundlichem,
chlor- und säurefrei gebleichtem Papier
Printed in Germany

ISBN 3-451-28510-X

INHALT

ERSTER TEIL

Wie sollen wir die Bibel lesen und meditieren?

In Gesprächen …

… höre ich immer wieder, dass sich Menschen mit der Bibel schwer tun. Sie versuchen, sie zu lesen. Aber sie verstehen die Bibel nicht. Es ist für sie eine fremde Welt. Sie brauchen eine Anleitung, wie sie mit der Bibel umgehen sollen. Es kann ihnen helfen, wenn jemand ihnen inhaltliche Anregungen gibt und die Texte auf seine Weise deutet. Aber der Bibelleser soll nicht einfach nachbeten, was andere Ausleger ihm vorsagen. Er soll sich selbst mit den Texten auseinander setzen. Dabei geht es darum, den Text mit dem eigenen Leben in Verbindung zu bringen

- Was sagt der Text zu mir in meiner konkreten Situation?
- Finde ich eine Antwort auf meine Fragen, die mich gerade bewegen?

1. Die Bibel auslegen – das eigene Leben verstehen

Es gibt in der Theologie zwei Richtungen, die sich mit der Auslegung der Texte befassen. Die eine ist die *Exegese*. Sie studiert die Texte und das historische Umfeld. Sie liefert uns viele Informationen, die uns helfen können, den Text zu verstehen. Die andere Richtung nennt man *Hermeneutik*. Es ist die Lehre von der Auslegung. Sie ist eigentlich eine philosophische Disziplin.

Schon die alten Griechen haben sich mit der Frage beschäftigt, wie man überlieferte alte Texte auslegen könne. Und sie kommen zum Ergebnis: Einen Text auslegen heißt: sein eigenes Leben deuten. Es geht nicht darum, sich zu überlegen, was der Autor sich beim Abfassen des Textes genau gedacht habe. Vielmehr steht mir der Text heute gegenüber. Und es geht darum, mein Leben im Licht des Textes neu zu verstehen:

- Den Text verstehen heißt immer auch, sich selbst besser zu verstehen.

Jeder biblische Text hat ein ganz bestimmtes Verständnis vom Menschen, von Gott und von der Welt. Wenn ich einen Text lese, gehe ich mit der persönlichen Sicht meiner selbst und meiner Welt an den Text heran. Der große deutsche Philosoph *Hans-Georg Gadamer* spricht von *Horizontverschmelzung* bei der Auslegung eines Textes. Wenn ich einen Text lese und ihn zu verstehen suche, dann verschmilzt der Horizont meines Selbstverständnisses mit dem Horizont, den der Text mir über mich, über Gott und über die Welt eröffnet.

- Verstehen heißt immer auch: einen neuen Stand bekommen, sich klarer werden über sich selbst und den Mut finden, zu sich selbst zu stehen.

2. Die Bibel verstehen – ihre Bilder betrachten

Wie kann das gelingen? Es geht nicht darum, beim Bibellesen alle historischen Fakten zu studieren oder sich genau in die Theologie des jeweiligen Autors hineinzudenken. Vielmehr geht es darum, den Text im Licht des eigenen Lebens zu lesen und sich zu fragen: Was bedeuten diese Worte für mich? Was bringen sie in mir in Bewegung? Wo berühren sie mich? Was stellen sie in meinem Selbstverständnis in Frage? Wo eröffnen sie mir einen neuen Horizont?

Ich führe einen Dialog mit dem Text. Im Gespräch mit dem Text geht mir auf, wer ich bin und wie ich mein Leben verstehen soll. Und oft genug entdecke ich, wo ich mein Leben ändern muss, weil ich mich innerlich verrannt habe.

Bei der Auslegung kann es helfen, die *Bildhaftigkeit der biblischen Sprache* ernst zu nehmen. Jede Sprache ist in ihrem Wesen Ausdruck einer Erfahrung. Die Sprache der Bibel drückt in Bildern die Erfahrungen aus, die Menschen mit Gott und mit Jesus Christus gemacht haben. Daher ist es wichtig, dass wir beim Lesen die Worte der Bibel als Bilder anschauen.

- Bilder öffnen ein Fenster, durch das wir auf das Geheimnis unseres Lebens und auf das Geheimnis Gottes schauen dürfen.

Wenn wir die biblischen Worte als Bilder nehmen, erliegen wir nicht der Gefahr, zu streiten, wer nun mit seiner Auslegung Recht habe. Es geht nicht um Rechthaben, sondern um die Begegnung mit dem Gott, der in den Worten der Bibel zu uns spricht und uns in den biblischen Bildern aufleuchtet, um unser Leben zu erhellen. Wir brauchen dann keine Angst zu haben, wir würden nicht genügend über die biblische Theologie Bescheid wissen. Die Bilder laden uns ein, durch sie hindurch auf Gott zu schauen, der uns zeigen möchte, wer wir eigentlich sind und wie unser Leben gelingen kann.

3. Die Bibel betrachten – die »lectio divina«

Schon die frühe Kirche hat sich darüber Gedanken gemacht, wie wir die Bibel lesen und meditieren sollen. *Origenes* hat die so genannte *spirituelle oder mystische Schriftauslegung* entwickelt. Sie lässt sich nicht von der Frage leiten: »Was soll ich tun?«, sondern vielmehr von der Frage: »Wer bin ich?« Alle biblischen Texte werden als Bilder verstanden, die mir das Geheimnis meines Weges zu Gott erschließen wollen. Sie zeigen mir, wie ich vor meinem Gott stehe und welche Schritte ich tun soll, um diesem Gott näher zu kommen.

Auf dem Hintergrund dieser spirituellen Schriftauslegung haben die Mönche schon im vierten Jahrhundert die so genannte *lectio divina* (»göttliche Lesung«, das heißt Lesung der Heiligen Schrift) entwickelt. Die lectio divina kennt vier Schritte: *lectio – meditatio – oratio – contemplatio.* Diese vier Schritte könnten auch für uns heute ein guter Weg sein, die kurzen Bibeltexte, die für jeden Tag gedacht sind, zu meditieren.

Die Lesung (lectio)

Der erste Schritt besteht in der *lectio,* der Lesung. Ich lese den Text ganz langsam, als ob ich ihn zum ersten Mal lese. Ich möchte nicht meine theologischen Kenntnisse erweitern, sondern ich möchte mich vom Wort Gottes treffen lassen. Ich spüre genau hin, wo mich ein Wort berührt und was es in mir auslöst. *Gregor der Große* meint, es geht bei der Lesung darum, in Gottes Wort Gottes Herz zu entdecken. Ich lese also die Bibel, um Gott zu begegnen und um Jesus Christus zu begegnen, von dem vor allem das Neue Testament auf jeder Seite spricht.

Die Meditation (meditatio)

Die *meditatio* meint, dass ich das Wort der Schrift in mein Herz fallen lasse. Ich denke nicht darüber nach, sondern versuche, das Wort zu kauen und zu schmecken. Ich wiederhole es immer wieder in meinem Herzen. Der Evangelist Lukas hat diese Methode am Beispiel von Maria, der Mutter Jesu, beschrieben. Er sagt von ihr, nachdem sie die Worte der Hirten gehört hatte: »Maria aber bewahrte alle diese Worte und erwog sie in ihrem Herzen« (Lukas 2,19). Das griechische Wort »symballousa«, das hier mit »erwägen« übersetzt wird, heißt eigentlich: »sie fügt zusammen, sie wirft zusammen, sie wirft hin und her«. Lukas sieht in Maria die kontemplative Frau, die das Wort Gottes im Herzen bewahrt und hin und her bewegt, damit sie es immer besser versteht. Damit beschreibt er das Wesen der Meditation.

Meditation meint: das Wort Gottes im Herzen zu wiederholen, damit es das Herz und die Tiefen der Seele immer mehr durchdringt. Es soll nicht nur im Kopf bleiben. Denn der Kopf ist immer unruhig. Worte, die nur im Kopf gehört werden, zerrinnen schnell. Doch wenn das Herz das Wort Gottes hin und her bewegt, dann dringt es immer mehr in das Unbewusste des Menschen ein und erleuchtet auch die Abgründe seiner Seele. Es bewirkt im Menschen einen guten Geschmack.

Die Mönchsväter nennen die »Meditation« auch *ruminatio*: das heißt wörtlich: wiederkäuen. Sie sprechen davon, dass das Wort, das man wiederholt oder »wiederkäut«, den ganzen Leib mit einem süßen Geschmack erfüllt. Es ist der göttliche Geschmack der Liebe, des Friedens und der Freude.

In der lateinischen Tradition heißt »meditari«: bei etwas verweilen, immer wieder üben. Man kann es auch deuten als: in die Mitte kommen. Das Wort soll in meine Mitte gelangen. Es soll für mich zur Mitte werden, aus der heraus ich lebe. Und es soll mich zur Mitte führen, zu meinem inneren Zentrum, aus dem heraus ich mein Leben gestalten möchte.

Der dritte Schritt der *lectio divina* ist die *oratio. Oratio* meint ein kurzes Gebet, ein Gebet, in dem ich meine Sehnsucht nach Gott mit allen meinen Gefühlen und Affekten ausdrücke. In der *meditatio* – so sagen die Mönche – wird die Sehnsucht nach Gott geweckt. In der *oratio* bitte ich Gott, dass er meine Sehnsucht erfüllen möge. Er möge sich selbst mir schenken, damit ich mit ihm eins werde. Das Wort möge mich immer tiefer in Gottes Liebe hineinführen, damit ich mich in seine liebenden Hände fallen lasse.

Die Kontemplation (Eins werden)

Der vierte Schritt ist die *contemplatio*. Die Mönche sagen, dass wir nur die ersten drei Schritte der *lectio divina* wirklich üben können. Der vierte Schritt ist Geschenk der Gnade Gottes. Wir haben die Worte der Schrift meditiert. Jetzt lassen wir die Worte los und versuchen in der Stille, mit Gott eins zu werden. Die Worte haben uns in die Stille geführt. In den Worten hat uns Gott selbst berührt. Jetzt versuchen wir, in der Kontemplation Gott zu berühren und mit ihm eins zu werden.

Für die frühen Mönche ist die Mystik immer Mystik der Heiligen Schrift. Indem wir die Bibel lesen und meditieren, machen wir die tiefsten mystischen Erfahrungen. Das Ziel aller Mystik ist, mit Gott eins zu werden, nicht mehr über ihn nachzudenken, sondern von ihm erfüllt zu werden und in ihm uns selbst zu vergessen. Gerade dort, wo wir uns selbst vergessen, sind wir ganz gegenwärtig, ganz eins mit dem Augenblick, ganz eins mit Gott.

Contemplari heißt eigentlich schauen. Ich sehe aber nicht etwas Bestimmtes. Ich habe keine Vision. Vielmehr schaue ich auf den Grund des Seins. *Papst Gregor* erzählt vom heiligen *Benedikt,* dass er in einem einzigen Sonnenstrahl die ganze Welt erblickt habe. Damit beschreibt er das Wesen der *contemplatio.* In einem einzigen Blick schaue ich alles auf einmal, nicht nacheinander, sondern ineinander. Ich erkenne nicht etwas Begrenztes, über das ich sprechen könnte. Vielmehr blicke ich durch. Alles ist mir auf einmal klar. Ich weiß nicht, wie ich mein Leben erklären kann. Aber in der Tiefe meines Herzens weiß ich: es hat sich alles geklärt. Alles ist gut so, wie es ist. Kontemplation ist Zustimmung zum Sein, Zustimmung zu meinem Leben, Einverstandensein mit allem, was ist.

In der Kontemplation denken wir nicht über Gott nach. Denn solange wir noch über Gott nachdenken, sind wir von Gott getrennt. Die Kontemplation will uns in die Einheit mit Gott führen. *Isaak von Ninive* meint, das Wort der Schrift würde uns die Tür aufschließen zum wortlosen Geheimnis Gottes. Gott, der sich im Wort ausdrückt, ist doch jenseits aller Worte. Und dennoch brauchen wir die Worte, um in diesen wortlosen Raum der Stille zu gelangen und dort in Gott zu wohnen und mit Gott eins zu werden.

In der Stille lasse ich meine Gedanken und Bilder

los. Ich bin einfach da, eins mit mir, eins mit Gott. Das ist immer nur ein Augenblick. Ich kann ihn nicht hervorrufen, sondern erlebe ihn als Geschenk. In diesem Raum des wortlosen Geheimnisses Gottes darf ich daheim sein. Heimat kommt von Geheimnis. Daheim sein kann man nur, wo das Geheimnis wohnt. In Gott kommt meine Seele zur Ruhe. Da wird Wirklichkeit, was der Psalmist sagt: »Ich ließ meine Seele ruhig werden und still. Wie ein Kind auf dem Schoß der Mutter, wie ein Kind, so ruht meine Seele in mir« (Psalm 131,2). Das Wohnen im Geheimnis Gottes ist wie das Ausruhen eines Kindes an der Wange der Mutter. Es ist Geborgensein beim mütterlichen und väterlichen Gott.

4. Die Bibel leben – heute die Bibel meditieren

Die Mönche haben die Beziehung zwischen den vier Schritten der *lectio divina* so dargestellt: Die *lectio* bricht das Alabastergefäß der göttlichen Wonne auseinander. Die *meditatio* riecht daran und lässt den Wohlgeruch immer tiefer in sich eindringen. Die *oratio* bittet Gott, die Sehnsucht, die in der *meditatio* geweckt wird, zu erfüllen. Und die *contemplatio* genießt die göttliche Wonne, den Wohlgeruch göttlicher Liebe. Alle vier Schritte gehören zusammen. Ohne *meditatio* bleibt die *lectio* trocken. Ohne *lectio* verliert die *meditatio* ihr Fundament und schwebt dann nur im luftleeren Raum. Und die *contemplatio* vollendet die *meditatio*.

Was heißt das für uns heute? Wir müssen nicht unbedingt die vier Schritte des Meditationsweges der frühen Mönche gehen. Doch wir können davon lernen, dass wir die Worte in unser Herz dringen lassen, so dass sie uns prägen. Ich erlebe viele fromme Christen, die beim Bibellesen immer sofort die moralisierende Ebene betreten. Sie setzen sich unter Druck und folgern aus der Schriftlesung: »Eigentlich müsste ich ganz anders sein. Eigentlich dürfte der Christ nur lieben und müsste auf sein Ego verzichten. Er dürfte nur auf Gott hören und ihm folgen.« Doch solche Sätze hinterlassen im Leser nur ein schlechtes Gewissen. Er oder sie spürt, dieses »eigentlich« doch nie erfüllen zu können.

Die *lectio divina* weist uns einen anderen Weg. Indem ich das Wort Gottes in mich eindringen lasse, verwandelt es mich schon. Die Verwandlung geht nicht in erster Linie über den Willen und über die guten Vorsätze, die dann meistens doch nicht eingehalten werden. Vielmehr bewirkt das Wort, das ich in mein Herz fallen lasse, etwas in mir. Es bringt mich in Berührung mit dem, was das Wort bezeichnet: mit der Freude, mit der Liebe, mit dem Leben, das Gott mir schenkt, mit Jesus Christus, der schon in mir wohnt, von dem ich aber oft genug abgeschnitten bin.

Jeder soll seine eigene Weise der Meditation üben. Für den einen stimmt es, dass er sich die Worte im Herzen wiederholt, so dass sie immer tiefer in seine Seele fallen können. Er denkt nicht über die Worte nach, sondern versucht, die Wirklichkeit der Worte zu schmecken und zu kosten, so dass sie ihn innerlich durchdringen und seinem Leben einen neuen Geschmack verleihen.

Der andere möchte lieber über die Worte nachdenken. Wir sollen auch bei der Meditation unsern Verstand nicht ausschalten. Aber es besteht die Gefahr, dass wir beim Überlegen nur »im Kopf« bleiben. Für mich ist die wichtigste Frage bei der Meditation: »Wenn das stimmt, wie erlebe ich mich dann? Wer bin ich dann? Wie verstehe ich dann mein Leben?« Beim Lesen kommen uns immer auch Zweifel, ob das alles so stimmt oder ob es nicht zu schön ist, um wahr zu sein. Bei der Meditation sage ich mir immer: Meine Zweifel hebe ich mir für morgen auf. Jetzt tue ich einfach so, als ob es stimme.

- Ich traue den Worten und experimentiere damit, wie ich mit ihnen leben kann.

Eine andere Weise der Meditation, die sich vor allem bei Erzählungen anbietet, ist: sich die Situation vorzustellen, sich selbst in die Erzählung mit einzubringen.

Der heilige *Ignatius von Loyola* hat diese Meditation entwickelt. Wir sollen uns mit allen Sinnen in die konkrete Situation etwa einer Heilungsgeschichte hineinbegeben. *Ich selbst* bin dann der oder die Kranke. *Ich höre* die Worte, die Jesus zu mir spricht. *Ich spüre* seine Hand, mit der er mich berührt. (Diese Methode ist allerdings nur bei konkreten Szenen anzuwenden, nicht etwa bei theologischen Erörterungen oder bei den Worten Jesu. Hier bietet sich wiederum die Methode an, die die Mönche in der *lectio divina* entwickelt haben.)

Vielleicht hast du auch deine ganz persönliche Weise gefunden, mit dem Text der Bibel umzugehen. Dann traue deinem Gefühl. Was ich über die Meditation geschrieben habe, sind Anregungen. Aber geh den Weg, der dich zu Gott und in das Leben und in die Liebe führt!

5. »Die Freude wird vollkommen sein«: Vom Umgang mit diesem Buch

In vierzig kurzen Kapiteln ist in diesem Buch ein kurzer Text aus dem Brief des Paulus an die Philipper, ausgewählt. Du kannst jeden Tag eines dieser Kapitel lesen. Die Erklärungen wollen dich anregen, den Text besser zu verstehen und in das eigene Leben zu übersetzen. Die Erklärungen münden in kurze Anregungen, wie du mit dem Text umgehen kannst, was du für dich überlegen und was du einüben solltest. Nimm jeweils das für dich heraus, was dich am meisten anspricht.

Wenn du den erklärenden Text gelesen hast, wäre es gut, wenn du die biblischen Worte, die dich am meisten ansprechen, auswendig lernst oder dir das Wort immer wieder vorsagst, so dass es dich auch tagsüber begleiten kann. Es wird in dir etwas bewirken und dich immer mehr mit dem Geist Jesu Christi erfüllen.

Die Erklärungen sollen nur helfen, dass sich das Herz dem Wort besser zu öffnen vermag. Du *musst* die Worte nicht so verstehen, wie es die Erklärungen nahe legen. Wenn du die Worte im Herzen hin und her bewegst wie Maria, dann wird auch in dir das Wort Fleisch werden. Christus wird in deinem Herzen geboren werden. Du wirst neu. Du kommst in Berührung mit dem unverfälschten und unberührten, mit dem einmaligen und einzigartigen Bild, das Gott sich von dir gemacht hat.

- Das Wort der Heiligen Schrift bringt uns in Berührung mit unserem wahren Wesen.

Und du darfst darauf vertrauen, dass das Bibelwort dich dann auch dazu bewegt, dich auf neue Weise in dieser Welt zu verhalten. Das neue Verhalten wird aus der Erfahrung des neuen Seins strömen. Du musst dich nicht ständig mit dem Willen anstrengen oder mit einem schlechten Gewissen dem biblischen Wort hinterherhinken. Das Wort verwandelt dein Denken, dein Sein und dein Handeln.

- Die Worte der Bibel sind immer Heilungsworte.

So haben sie die frühen Mönche verstanden. Und so dürfen wir es heute erleben, wenn wir sie in unser Herz dringen lassen. Worte vermögen unsere Wunden zu heilen. Sie sind wie Balsam für unsere verletzte Seele. Worte haben auch eine reinigende Kraft. So hat es Jesus von seinem Wort gesagt: »Ihr seid schon rein durch das Wort, das ich zu euch geredet habe« (Johannes 15,3). Es bringt uns in Berührung mit dem lauteren Kern in uns. Und die Worte der Bibel wollen uns mit Freude erfüllen: »Das habe ich zu euch geredet, damit meine Freude in euch sei und eure Freude vollkommen werde« (Johannes 15,11).

- Die Worte der Bibel sind Licht auf unserem Weg.

»Eine Leuchte ist dein Wort meinem Fuß, auf meinem Wege ein Licht« (Psalm 119,105). Sie erhellen unser Gehen, so dass wir den rechten Weg finden und unsern Weg verstehen. Für den zweiten Petrusbrief ist das Wort Gottes »eine Leuchte, das am finsteren Ort scheint, bis der Tag anbricht und der Morgenstern aufgeht in euren Herzen« (2 Petrus 1,19).

So wünsche ich dir, lieber Leser, liebe Leserin, dass dir die Worte der Bibel neu aufgehen und dass sie für dich zu einem Licht werden, in dem du dich selber besser verstehst und in dessen Schein du den Weg findest, der dich zum Leben, zur Liebe und in die Weite führt.

ZWEITER TEIL

Die Botschaft des Paulus an die Christen in Philippi

Einführung

Der Brief an die Philipper ist der persönlichste Brief, den Paulus an eine Gemeinde geschrieben hat. Philippi ist dem Apostel offensichtlich ans Herz gewachsen. Es war die erste Gemeinde, die er in Europa ins Leben gerufen hat. Die Stadt Philippi war vom makedonischen König *Philipp II.* im Jahr 358 vor Christus gegründet worden. 148 wurde sie zur römischen Provinz geschlagen und war wichtiger Umschlagplatz an der Straße, die den Osten mit dem Westen verband. Im Jahre 42 besiegten dort *Octavius* und *Antonius* die Caesarmörder *Brutus* und *Cassius. Antonius* besiedelte die Stadt mit römischen Veteranen. Im Jahre 30 vor Christus wird sie zur Militärkolonie. In der Stadt fanden die verschiedensten Religionen und Mysterienkulte Anhänger. Es war ein religiöses Gemisch. Als Paulus im Jahre 50 nach Christus nach Philippi kam, gab es dort auch Juden. Sie hatten eine Gebetsstätte außerhalb der Stadt. Dort predigte Paulus die Botschaft Jesu Christi und wurde von der reichen Purpurhändlerin Lydia in ihr Haus aufgenommen. Seither hat die Gemeinde Paulus immer auch finanziell unterstützt. Das war ein Privileg, das nur die Philipper hatten. Denn anderswo versuchte Paulus, seinen Lebensunterhalt durch eigener Hände Arbeit zu verdienen.

Paulus schreibt den Brief an die Philipper aus dem Gefängnis. Vermutlich war er in Ephesus in Gefangenschaft geraten. Und es war nicht klar, wie der Ausgang des Prozesses sein wird. Erstaunlich ist, dass dieser Brief, der so sehr die Freude zum Thema hat, aus der trostlosen Situation des Gefängnisses geschrieben wurde. Das zeigt, wie der christliche Glaube sich auch durch gefährliche Widerfahrnisse wie Gefangenschaft und Tod nicht beeindrucken ließ. Die Freude am Glauben und an der Erlösung in Jesus Christus war größer als alle Bedrängnisse von außen. Es ist keine billige Freude, die Paulus verkündet, sondern eine Freude, die die bedrückende Situation des Gefängnisses überwand.

Im Gefängnis sorgt sich Paulus nicht um sich, sondern um das Gedeihen der Gemeinde in Philippi. Von dieser Sorge um Eintracht und um die rechte Lehre ist der Brief geprägt. Aber er gibt uns auch Einblick in das persönliche Ringen des Apostels, der vor einem ungewissen Ausgang seines Prozesses stand, sich davon aber nicht in Angst und Schrecken treiben ließ, sondern sich von Freude und Vertrauen erfüllt wusste. Der Brief kann unabhängig von der konkreten Situation der Gemeinde in Philippi zu jeder Zeit unseren Glauben stärken, unseren Blick für das Geheimnis Jesu Christi und unserer menschlichen Existenz öffnen und uns mit einer Freude erfüllen, die stärker ist als die Trostlosigkeit dieser Zeit.

1. PHIL 1,1–2

Paulus und Timotheus, Knechte Christi Jesu, an alle Heiligen in Christus Jesus, die in Philippi sind, mit den Bischöfen und Diakonen. Gnade sei mit euch und Friede von Gott, unserem Vater, und dem Herrn Jesus Christus.

In der Antike wusste man noch, wie man Briefe schreibt. Der Brief begann immer mit einem Vorwort, in dem man Absender, Adresse und Gruß angab. Paulus hält sich nicht nur an die äußere Form, sondern reichert sie mit inhaltlichen Aussagen an. Hier stellt er sich gemeinsam mit Timotheus als Knecht Jesu vor. Es ist nicht seine Privatmeinung, die er in diesem Brief der Gemeinde in Philippi verkündet, sondern das Evangelium Jesu Christi, das man nur gemeinsam bezeugen kann. Prophet sein kann man allein. Da schleudert man die Worte Gottes gegen die Menschen. Doch die Botschaft Jesu lässt sich nur im Miteinander verkünden. Sie wird durch ein Leben bezeugt, das neue Formen der Gemeinschaft ermöglicht. Für die frühen Christen war es eine wichtige Erfahrung, dass Juden und Griechen, Herren und Sklaven, Männer und Frauen, Arme und Reiche miteinander Gemeinschaft leben konnten. Darin sahen sie einen Beweis, dass das Reich Gottes wirklich gekommen war.

Paulus nennt sich und seinen Mitarbeiter Timotheus, der den Philippern bekannt war, »Knechte Jesu

Christi«. »Knecht« ist für ihn eine Ehrenbezeichnung. Im Alten Testament wurden die großen Gestalten wie Mose, David oder Abraham Knechte Gottes genannt. Sie waren Gott gehorsam. Sie stellten sich ganz und gar in den Dienst Gottes. Paulus versteht sich als Knecht Jesu Christi. Er baut seine Existenz auf Jesus Christus auf. Ihm will er dienen. Ihm stellt er sich zur Verfügung. Gerade im Philipperbrief sehen wir die Leidenschaft, die den Paulus antreibt, sich für den Dienst Jesu einzusetzen und dabei sein Leben aufs Spiel zu setzen. Ihm geht es nur noch darum, Jesus Christus den Menschen zu verkünden, koste es ihn auch sein Leben.

Die Philipper nennt Paulus die »Heiligen in Christus Jesus«. Er weiß, dass die Philipper keine perfekten und sündenfreien Menschen sind. Sie sind genauso Fehlern und Schwächen unterworfen wie wir. »Heilig« sind sie, weil sie durch Jesus Christus der Herrschaft der Welt entzogen worden sind. Sie haben einen neuen Grund. Sie bauen ihr Leben auf Christus und nicht mehr auf die Maßstäbe dieser Welt wie Erfolg, Besitz, Leistung, Anerkennung und Zuwendung. Sie sind aus dem Herrschaftsbereich der Welt herausgenommen worden und leben nun als freie Menschen in Jesus Christus. Das war für die Menschen damals eine frohe Botschaft. Nicht mehr der römische Staat mit seinen vielen Vorschriften bestimmte ihr Leben, sondern die innere Freiheit, die sie in Jesus erworben haben.

Paulus wünscht den Philippern »Gnade und Friede

von Gott unserem Vater und dem Herrn Jesus Christus«. Das griechische Wort *charis* meint nicht nur »Gnade«, sondern auch: »Freude«, »Zärtlichkeit«, »Zuwendung«. Wenn Gott sich uns zärtlich zuwendet, dann wird das Herz von Freude erfüllt. Gnade und Friede drücken das aus, was der Mensch wahrhaft braucht, worauf er sein Leben bauen kann, damit es gelingt.

Worauf baust du dein Leben? Wem gehörst du, dem Erfolg, der Anerkennung, dem Besitz oder Gott? Fühlst du dich in dieser Welt frei und dem Terror weltlicher Maßstäbe entzogen? Oder stehst du unter dem Druck, dich vor allen und in allem immer beweisen zu müssen? Welchen Geschmack hätte dein Leben, wenn Gnade und Friede es bestimmen würden?

2. Phil 1,3–6

Ich danke meinem Gott, sooft ich an euch denke, und bete allezeit in jedem meiner Gebete mit Freude für euch alle wegen euerer Anteilnahme am Evangelium vom ersten Tag an bis jetzt.

Paulus beginnt seinen Brief mit einem Dank an Gott. Er nennt ihn »seinen Gott«. Wenn Paulus betet, entsteht eine persönliche Beziehung zu Gott, ein Vertrautsein mit Gott. Bevor er für die Philipper bittet, dankt er für sie. Das sollte auch für uns die Norm des Betens sein. Der erste Blick beim Beten richtet sich auf das, wofür ich Gott danken kann. Auch wenn ich für einen Menschen bete, eröffnet mir das Danken einen neuen Blick auf den andern. Ich sehe in ihm, was Gott mir durch ihn geschenkt hat: seine Fähigkeiten, seine Treue, seine Liebe, seine persönliche Ausstrahlung. Das Danken zeigt mir, was ich am andern habe, dass Gott mich durch ihn beschenkt hat.

Der zweite Aspekt des Betens ist die Freude. Paulus denkt voller Freude an die Philipper. Er sitzt im Gefängnis; doch sobald er im Gebet an die Brüder und Schwestern in Philippi denkt, überkommt ihn Freude. Auch hier zeigt uns Paulus einen wesentlichen Aspekt unseres Betens auf. Wenn ich für einen anderen bete, spüre ich die Beziehung zu ihm. Ich fühle mich ihm verbunden. Das erfüllt mein Herz gerade dann, wenn ich mich einsam fühle, mit Freude. Für den anderen, die andere beten hebt meine Stimmung. Beten ist eine Kontaktaufnahme mit dem anderen. Sie geschieht auf einer anderen Ebene als das Briefschreiben oder das Telefonieren. Für den anderen beten vermag ich in jedem Augenblick. Beten erinnert mich an den anderen. Es bringt den anderen, die andere in mein Inneres, in mein Herz.

Allein das Denken an den anderen vermag mein Herz zu erfreuen. Doch Paulus nennt noch einen Grund für seine Freude und seine Dankbarkeit. Es ist die Anteilnahme der Philipper am Evangelium. Paulus ist voller Dankbarkeit, weil die Philipper von Anfang an nicht nur passiv das Evangelium angenommen, sondern offensichtlich auch aktiv mitgewirkt haben, dass die frohe Botschaft auch an anderen Orten verkündet werden kann. Sie haben den Apostel und seine Mitarbeiter finanziell unterstützt. Sie haben die Verkünder des Evangeliums gastfreundlich aufgenommen. Und sie haben sich offensichtlich auch in Abwesenheit des Apostels darum bemüht, die frohe Botschaft von Jesus Christus immer tiefer in ihr Herz eindringen zu lassen. Ihr Interesse für das Evangelium war nicht nur eine vorübergehende Begeisterung. Sie hält immer noch an. Darüber freut sich Paulus und ist dankbar. Er spürt, dass seine Arbeit in Philippi nicht umsonst war, sondern Früchte getragen hat.

Suche dir Menschen aus, für die du beten möchtest: Freunde oder Freundinnen, den Ehepartner, Kinder, Bekannte. Beginne damit, für diesen Menschen erst einmal zu danken. Wofür möchtest du danken? Was hat Gott dir in diesem Menschen geschenkt? Was entdeckst du durch das Danken im anderen? Mit welchen Augen schaust du auf ihn oder sie?

Spüre im Gebet die Verbundenheit mit dem Menschen, für den du betest. Welche Gefühle bewirkt das in dir? Bist du auch voll Freude über den anderen? Versuche heute, öfter mal im Gebet an den Menschen zu denken, der dir am Herzen liegt. Dann wird es ein guter Tag für dich werden, ein Tag voller Dankbarkeit und Freude.

Eben darum bin ich voll Zuversicht, dass er, der das gute Werk in euch begonnen hat, es auch vollenden wird bis zum Tag Christi Jesu. Ist es doch recht und billig, diese Gesinnung für euch alle zu hegen, weil ich euch im Herzen trage, euch, die ihr in meiner Gefangenschaft ebenso wie bei der Verteidigung und Bekräftigung des Evangeliums allesamt Mitgenossen meiner Gnade seid.

Neben der Dankbarkeit und Freude entsteht beim Beten ein drittes Gefühl: das Vertrauen, die Zuversicht. Paulus vertraut darauf, dass Gott das gute Werk, das er in den Philippern begonnen hat, auch vollenden wird. Das Gebet nährt unser Vertrauen in einen anderen Menschen. Vertrauen geht in die Zukunft. Der Mensch, für den wir beten, ist nicht auf sich allein gestellt. Gott wirkt an ihm. Und Gott wird das Gute, das er ihm geschenkt hat, weiter in ihm zur Entfaltung bringen. Das Vertrauen entdeckt das Gute im anderen. Und es vermag die Person des anderen loszulassen, weil Gott selbst mit ihr ist und in ihr wirkt.

Noch einmal begründet Paulus seine Gesinnung von Dankbarkeit, Freude und Vertrauen. Der Grund für diese Gefühle ist, dass der Apostel die Philipper in seinem Herzen trägt. Paulus denkt nicht nur an die Brüder und Schwestern in Philippi, sondern ist mit seinem

Herzen bei ihnen. Ja, sie selber haben in seinem Herzen einen wichtigen Platz. Er trägt sie immer bei sich. Sobald er in seinem Herzen ist, ist er auch bei ihnen. Das ist für ihn in seiner Gefangenschaft Trost. Wie beiläufig erwähnt Paulus hier, dass er im Gefängnis sitzt. Die antiken Gefängnisse waren keine komfortablen Unterkünfte. Die Ernährung war kärglich, die Haftbedingungen waren hart. Doch Paulus macht daraus kein Drama. Es ist für ihn fast selbstverständlich, dass er für das Evangelium die Fesseln der Gefangenschaft erträgt. Er will bei den Philippern nicht das Interesse für sich und seine Situation wecken. Vielmehr denkt er an sie. Er spricht sie an als Mitgenossen, als Teilhaber seiner Gnade. Ob im Gefängnis, ob bei der Verteidigung oder Bekräftigung des Evangeliums, immer weiß sich Paulus in der Gnade Gottes, von Gottes heilender und liebender Nähe umgeben. Und immer weiß er sich in dieser Gnade Gottes zugleich in Gemeinschaft mit seinen Glaubensgenossen. Auch wenn er nun im Gefängnis isoliert ist, spürt er die Gemeinschaft mit denen, die seinen Weg des Glaubens gehen. Diese Gewissheit trägt ihn in der Gefangenschaft. Sie löst gleichsam die Fesseln und gibt ihm mitten in der Einsamkeit des Gefängnisses die Erfahrung von Gemeinschaft, von Freiheit, von Dankbarkeit, Freude und Vertrauen.

Aus den Worten des Apostels Paulus spricht ein unerschütterlicher Glaube, ein Glaube, der die Welt überwindet, der selbst die schwierigsten Situationen in ein anderes Licht taucht. Der Glaube gibt dem Verkünder des Evangeliums die Gewissheit, dass er nicht in der Hand der oft willkürlichen Behörden des römischen Staates ist, sondern in der Hand Gottes und in der Gemeinschaft mit allen, die gemeinsam mit ihm den Weg des Glaubens gehen.

Wie würdest du den heutigen Tag erleben, wenn du dich vom Glauben des Apostels Paulus tragen ließest? Wie wäre dann deine Situation in der Arbeit? Wie würdest du die Fesseln erleben, die dich gefangen halten, die Fesseln deiner Lebensmuster, die Enge deiner Umgebung, die Unfreundlichkeit um dich herum? Stell dir vor, dass du nicht allein bist, sondern von Gottes heilender und liebender Gegenwart eingehüllt und umgeben von den Menschen, die an dich denken, die im Glauben und in der Liebe mit dir verbunden sind!

Denn Gott ist mein Zeuge, wie ich mich im innersten Verlangen Christi Jesu nach euch allen sehne. Und dahin geht mein Gebet: eure Liebe möge mehr und mehr wachsen an Erkenntnis und allem Verständnis, damit ihr zu prüfen versteht, worauf es ankommt, auf dass ihr lauter und makellos seid für den Tag Christi, erfüllt mit der Frucht der Gerechtigkeit durch Jesus Christus, Gott zur Ehre und zum Lob.

Paulus bekräftigt mit einem Schwur, dass er sich nach den Philippern sehnt. Seine Sehnsucht beschreibt er mit einem eigenartigen Ausdruck: *en splanchnois*, auf Deutsch: »in den Eingeweiden« Jesu. Die Eingeweide waren für die Griechen der Sitz der Gefühle, die Quelle von Liebe, Mitleid und Erbarmen. Paulus sehnt sich nach den Philippern und weiß sich in seiner Sehnsucht im Herzen Jesu, in seiner herzlichen Liebe. Indem er sich nach seinen Brüdern und Schwestern im Glauben sehnt, fühlt er sich zugleich in der Liebe Jesu Christi. Und er weiß, dass seine Sehnsucht nach den anderen nicht nur ein menschliches Bedürfnis ist, sondern getragen wird von der Liebe Christi, die ihnen und ihm gemeinsam gilt. Paulus sehnt sich nach den Mitgenossen seiner Gnade, weil er in der Gemeinschaft mit ihnen die herzliche und zärtliche Liebe Christi konkret erfahren darf.

Die frühe Kirche hat die Gemeinschaft ihrer Gottesdienste immer als einen Raum erlebt, der von Christi Liebe erfüllt ist. In ihrem Miteinander wurde die Liebe, die Jesus während seines Lebens den Seinen erwiesen hat, für die Gläubigen greifbar und spürbar. Gottesdienst zu feiern war daher für die frühen Christen mehr als eine fromme Pflicht. Da erlebten sie mitten in einer feindlichen Welt eine herzliche Liebe, die sie heraushob aus dem rauen Klima römischer Machtverhältnisse.

Nun entfaltet Paulus inhaltlich, was er für die Philipper erbittet. Ihre Liebe soll noch mehr wachsen, ja überfließen. Sie soll sich in zwei Haltungen ausdrücken, die damals die griechische Moralphilosophie als wesentliche Kennzeichen echter Menschlichkeit gesehen hat: tiefe Erkenntnis und Verständnis. Mit den beiden Begriffen *epignosis* (»Erkenntnis«, »Einsicht«) und *aisthesis* (»Wahrnehmung«, »Verständnis«) beschreibt Paulus das intellektuelle Einsehen und das sittliche Verstehen, das Feingefühl für das, was sich schickt, und die Klugheit, im praktischen Leben jeweils das Richtige zu tun. Das Schickliche, das, was sich geziemt, ist ein wichtiger Ausdruck in der stoischen Philosophie. Die Christen sollen Vorbild wahrer Menschlichkeit sein. Die Liebe Jesu Christi, die sie erfahren haben, soll sichtbar werden, in einem Verhalten, das den (damaligen) Erwartungen von Humanität entspricht, ja sie sogar übertrifft.

Zur Liebe gehört ein gutes Urteilsvermögen für das jeweils Angemessene. Zwei Haltungen sollen die

Christen prägen: sie sollen »lauter« und »makellos« sein. Sie sollen gleichsam – so sagen es die griechischen Ausdrücke – im Sonnenlicht geprüft und als echt und ohne irgendeinen Makel befunden werden. Und sie sollen erfüllt sein von der »Frucht der Gerechtigkeit«. Ihr Leben soll Frucht bringen, indem es die Grundtugend griechischer Philosophie erfüllt: die Gerechtigkeit. Die Christen sollen gerecht leben, in Übereinstimmung mit dem Wesen des Menschen. Dann tragen sie bei zur Verherrlichung und zum Lob Gottes.

Die Bitten des heiligen Paulus wecken meine Sehnsucht nach einem Leben, das gelingt, das richtig ist, das erfüllt ist von Liebe, von Einsicht und Verstehen, nach innerer Lauterkeit und Klarheit. Ich sehne mich danach, dass das ursprüngliche, makellose und unverfälschte Bild Gottes in mir immer mehr zum Vorschein kommt. Dann leuchtet in mir etwas auf von Gottes Herrlichkeit und Glanz. Dann brauche ich nicht zu bangen vor dem Tag Christi. Er wird vielmehr ans Licht bringen, was jetzt in mir noch verborgen ist an göttlichem Glanz.

Brüder und Schwestern, ich will euch wissen lassen, dass meine Lage sich weiter zum Fortschritt des Evangeliums entwickelt hat. Im ganzen Prätorium und bei allen übrigen ist es nämlich offenbar geworden, dass ich um Christi willen Fesseln trage. Und die Mehrzahl der Brüder und Schwestern im Herrn wurde durch meine Fesseln ermutigt, mit wachsender Unerschrockenheit das Wort zu verkünden.

Paulus erzählt den Philippern von seiner Lage im Gefängnis. Sein Anliegen ist jedoch nicht, über seine Situation zu klagen. Seine Situation im Gefängnis ist kein Scheitern der Verkündigung, sondern unterstützt sie vielmehr. Offensichtlich konnte Paulus im Prätorium, in der Residenz des Provinzstatthalters, über den Grund seiner Gefangennahme sprechen. Er machte ihnen klar, dass er seine Fesseln Christi wegen trage. So hat er vermutlich seine Verteidigung dazu benutzt, über Jesus Christus und sein Evangelium zu reden. Paulus deutet seine Gefangenschaft positiv. Sie hat zum Fortschritt des Evangeliums beigetragen. Jesus Christus ist durch den gefangenen Apostel den offiziellen Stellen des Römischen Reiches bekannt gemacht worden. Und die Brüder und Schwestern in Philippi und anderswo haben auf einmal Mut bekommen, nun auch furchtlos das Wort Gottes zu verkünden.

Hinter der Deutung seiner Gefangenschaft steht ein tiefer Glaube des Apostels. Paulus ist überzeugt, dass Gott alles dazu benutzen kann, seinen Heilswillen geschehen und sein Wort in dieser Welt offenbar werden zu lassen. Selbst die Gefangenschaft, die zum Tod des Verkünders führen kann, hindert Gott nicht daran, das Evangelium in aller Welt zu verbreiten. Selbst die Enge und Ohnmacht der Gefangenschaft dient noch der Verbreitung der frohen Botschaft.

Paulus sieht die Beziehung seiner Fesseln, die ihn binden, zur Botschaft Christi noch enger. In seinen Fesseln wird Christus selbst vor den Menschen offenbar. Das ist eine eigenartige Deutung. Die Gefangenschaft des Paulus wird selbst zur Verkündigung Christi. Für den Apostel ist die Botschaft Jesu Christi so wichtig, dass er dafür die Fesseln in Kauf nimmt. So sind die Fesseln Teil seiner Verkündigung. Sie beweisen den Wert der christlichen Botschaft. Ja, in ihnen wird Christus selbst für die Menschen sichtbar.

Wir gehen mit den Fesseln, die uns angelegt werden, meistens anders um. Wir bedauern uns selbst, dass wir in unseren Möglichkeiten begrenzt werden, dass wir unsere Lebensträume nicht verwirklichen können, dass uns unsere Freiheit genommen wird. Und wir klagen Gott an, dass er uns daran hindert, unsere Aufgabe in dieser Welt zu erfüllen. Paulus zeigt uns einen andern Weg. Vielleicht will Gott gerade in der Enge, in die wir geraten sind, etwas von seinem freimachenden Geist offenbar werden lassen. Vielleicht benützt Gott unsere Fesseln dazu, Christus in dieser Welt zu verkünden.

Wir meinen, wir könnten nur wirken, wenn wir frei sind, ohne die Einschränkungen unserer Lebensmuster, ohne unsere psychischen und physischen Begrenzungen. Doch Gott will gerade *durch* unser begrenztes und oft genug gefesseltes Leben in dieser Welt wirken. Wenn uns das Leben einengt, wenn wir in Zwängen gefangen sind, dann geht uns erst auf, was das Geheimnis der Auferstehung ist. Dann vermögen wir – wie Paulus im Gefängnis – auf neue und überzeugende Weise die Botschaft von Tod und Auferstehung Jesu in dieser Welt zu verkünden. Dann erleben die Menschen an uns, dass es nichts gibt, was uns auf Dauer gefangen halten kann. Auferstehung heißt, dass unsere Fesseln letztlich alle gesprengt werden.

Versuche, deine Begrenzungen im Licht der Paulusworte zu sehen. Was möchte Gott durch dich in dieser Welt offenbaren, und zwar so, wie du bist, gebunden an deine Lebensmuster? Wie kann gerade durch deine innere Gefangenschaft Christus in dieser Welt sichtbar werden? Wenn du diesen Fragen nachgehst, siehst du deine Fesseln in einem anderen Licht. Sie werden ihre Macht über dich verlieren. Du erkennst den inneren Fortschritt auf dem Weg deiner Menschwerdung, so wie Paulus seine Fesseln als Beitrag zum Fortschritt des Evangeliums verstanden hat.

Einige allerdings verkünden Christus aus Neid und Streitsucht, andere dagegen in guter Absicht; die einen aus Liebe, weil sie wissen, dass ich zur Verteidigung des Evangeliums bestellt bin, die anderen aber verkünden Christus aus Streitsucht, nicht aus reiner Absicht, weil sie meinen, mir so in meinen Fesseln noch Kummer bereiten zu können. Was macht es schon aus? Wird doch in jedem Falle, zum Schein oder in Wahrheit, Christus verkündet; und darüber freue ich mich. Aber auch künftig werde ich mich freuen. Denn ich weiß, dass mir dies zur Rettung ausgehen wird, dank euerer Fürbitte und dem Beistand des Geistes Jesu Christi.

Einige der Verkünder der Frohen Botschaft haben unlautere Motive. Paulus unterstellt ihnen nicht, dass sie eine falsche Lehre verkünden. Was sie sagen, ist richtig. Aber die Motive ihrer Verkündigung sind Neid und Streitsucht. Sie setzen sich offensichtlich von Paulus und seiner Sendung ab. Sie sehen in seiner Gefangenschaft nicht ein Offenbarwerden Jesu Christi, sondern eher die Folge seines persönlichen Verhaltens. Für sie ist Paulus im Gefängnis, weil er nicht klug gehandelt hat. Auf jeden Fall nutzen sie seine Gefangenschaft aus, um sich nun selbst als die eigentlichen Verkünder der Botschaft zu präsentieren.

PHIL 1,15–19 Doch es gibt auch die Verkünder, die aus Liebe ihren Dienst ausüben. Liebe meint hier die Liebe zu Paulus, die Verbundenheit mit ihm, die Solidarität mit dem Gefangenen. Dem Apostel tut es weh, mit anzusehen, wie Menschen seine missliche Lage im Gefängnis dazu benutzen, ihn zu übergehen und sich selbst in den Mittelpunkt zu stellen. Aber nachdem er seinen persönlichen Schmerz darüber zum Ausdruck gebracht hat, geht er über zur Freude. Was ist seine Verletzung schon im Vergleich mit der Tatsache, dass Christus verkündet wird? Dass Christus auch durch diese Verkünder in der Welt immer mehr bekannt wird, ist das Entscheidende. Darüber freut sich Paulus und vergisst über der Freude sein persönliches Leid und die Wunden, die ihm die Verkünder schlagen. Denn er weiß, dass alles ihm zum Heil gereichen werde, sowohl seine Gefangenschaft als auch die Verletzungen durch die Geschwister, die aus unlauterer Absicht Christus verkünden.

Paulus weiß, dass es nicht sein eigenes Verdienst ist, dass ihm die Wunden zu Perlen verwandelt werden. Das Gebet der Brüder und Schwestern befähigt ihn vielmehr dazu. Und es ist die Unterstützung durch den Geist Jesu Christi. Der Geist Jesu verwandelt seine Gefangenschaft in ein Offenbarwerden des Evangeliums und seine Schmerzen in Freude über die Verbreitung der Frohen Botschaft.

Es braucht schon eine große persönliche Reife, angesichts der Kränkungen, die man erfährt, sich trotzdem über das Gute freuen zu können, das durch andere in der Welt geschieht. Wenn sich in deiner Familie der Ehepartner nach außen gut verkauft und du daheim seine Schattenseiten aushalten musst, wird es dir sicher schwer fallen, dich über die Erfolge deines Ehepartners freuen zu können. Wenn in der Firma sich einige auf Kosten anderer profilieren, wirst du den Nutzen, den sie der Firma bringen, nicht so leicht anerkennen. Von Paulus sollten wir die innere Größe lernen: Entscheidend ist, dass die Sache Jesu vorankommt. Wie wir selbst dabei abschneiden, ob die Leute unser Verdienst dabei wahrnehmen oder nicht, ist nicht entscheidend. Paulus will nicht sich verkünden, sondern Jesus Christus. Daher ist ihm alles recht, wenn nur auf irgendeine Weise Christus verkündet wird.

Kannst du dich über den guten Ruf und über die Erfolge deines Ehepartners freuen? Kannst du dir vorstellen, dass dir die Kränkung durch andere zum Heil gereichen wird? Stelle dir die innere Freiheit vor, mit der Paulus auf seine Gegner geschaut hat. Ihm konnten ihre verletzenden Absichten nichts anhaben, weil er in Christus seinen tiefsten Grund hatte. Bitte Gott, dass er dir diese innere Freiheit schenken möge. Vielleicht wächst dann auch in dir die Freude über alles, was Gott dir täglich in die Hände legt.

So ist meine Erwartung und Hoffnung, dass ich in nichts zuschanden werde, sondern – wie immer, so auch jetzt – Christus an meinem Leibe verherrlicht werden wird, sei es durch Leben, sei es durch Tod. Denn für mich ist das Leben Christus und das Sterben Gewinn.

Der Grund der Freude, die Paulus selbst angesichts seiner Neider empfinden kann, ist die Hoffnung, dass er in nichts zuschanden werde. Er ist sich dessen gewiss, dass ihn nichts wirklich beschämen kann, dass er nicht scheitern wird, selbst wenn er im Gefängnis sterben und sein Wirken vergessen wird. Er erwartet zuversichtlich, dass Christus in ihm verherrlicht wird – ob er nun weiterlebt und selbst Christus in aller Welt verkündet oder ob sein Gefängnisaufenthalt tödlich endet. Entscheidend ist für Paulus, dass er durchlässig ist für Jesus Christus und dass Christus in ihm offenbar wird und in seiner ganzen Existenz verherrlicht wird. Die Herrlichkeit Christi wird in ihm sichtbar, wenn er sich ganz und gar Jesus Christus überlässt, ohne Nebenabsichten, ohne auf Erfolg und Bestätigung durch die Menschen aus zu sein.

Und dann folgt ein Satz, den wir nie ganz erfassen können. In ihm drückt Paulus seine tiefste Erfahrung aus, die er im Glauben an Jesus Christus gemacht hat:

Für ihn ist das Leben Christus und das Sterben Gewinn. Es kann ihm letztlich nichts widerfahren, das ihn zum Scheitern verurteilt. Denn ganz gleich, ob er lebt oder stirbt, es geht ihm um Christus. In seinem Leben soll Christus verherrlicht werden und auch in seinem Tod. Daher ist ihm selbst das Sterben Gewinn. Welche Erfahrung hat Paulus gemacht, dass er sagen kann: Für mich bedeutet Leben Christus? Wir können es nur erahnen, wie intensiv Paulus Christus begegnet ist, sodass es ihm in seiner ganzen Existenz nur noch um diesen Jesus Christus geht und um seine Botschaft, für die er sich einsetzt. Es ist ihm nicht mehr wichtig, wie er selbst dabei abschneidet, ob er deshalb verfolgt wird und ins Gefängnis kommt, ob er lebt oder stirbt. Christus ermöglicht ihm ein Leben, das auch durch den Tod nicht vernichtet wird. Im Tod wird dieses Leben in Christus und mit Christus erst in seiner Fülle offenbar. PHIL 1,20–21

Dass das Sterben Gewinn sein kann, haben schon griechische Philosophen und Dichter wie *Platon, Aischylos* oder *Sophokles* zum Ausdruck gebracht. Aber für die Griechen ist der Tod nur dann Gewinn, wenn das Leben unerträglich geworden ist. Für Paulus jedoch ist das Leben hier schon voller Zuversicht, voller Freude. Das Leben ist für ihn Christus. Zu leben bedeutet für ihn: in Christus sein, mit Christus sein, von Christus erfüllt sein. Christus ist der eigentliche Grund seines Lebens. Erfüllte Lebendigkeit spürt Paulus nur dort, wo Christus ihn mit seinem Geist durchdringt.

Phil 1,20–21 Wer so erfüllt ist von Christus wie der heilige Paulus, für den verliert der Tod den Schrecken. Er erfährt eine innere Freiheit und Gelassenheit gegenüber seinem äußeren Schicksal. Er liebt das Leben. Aber er fürchtet sich auch nicht vor dem Sterben. Denn im Sterben wird das Leben mit Christus, das ihn hier schon ausfüllt, in seinem wahren Glanz enthüllt. Da wird Christus dann alles sein.

Was ist für dich Leben? Was macht das Leben lebenswert? Wenn du mit dem Apostel sagen könntest »Leben ist für mich Christus«, wie würdest du dann deine jetzige Situation erleben? Wie würdest du umgehen mit den Verletzungen, die du erfahren hast und immer wieder neu erfährst? Wie würdest du mit deiner Krankheit oder mit der Angst vor dem Krankwerden zurechtkommen? Wie würdest du deine depressiven Stimmungen, deine Enttäuschungen, deine Ängste erleben? Bitte Gott, dass er dir die Erfahrung des heiligen Paulus schenken möge und dir Christus als der eigentliche Grund deines Lebens aufgeht. Dann wird sich vieles für dich relativieren, was dir momentan noch so wichtig erscheint. Und du wirst eine innere Freiheit spüren allem gegenüber, was täglich auf dich einströmt.

Gilt es aber, weiter zu leben im Fleisch, so bedeutet mir das ein fruchtbares Schaffen, und so weiß ich nicht, was ich vorziehen soll. Es zieht mich nach beiden Seiten hin. Ich habe das Verlangen, aufzubrechen und mit Christus zu sein; denn das wäre weitaus das Bessere; das Verweilen im Fleisch aber ist notwendiger euretwegen.

Paulus ist hin und her gerissen zwischen den beiden Möglichkeiten: zu leben oder zu sterben. Er weiß nicht, was er vorziehen soll. Leben bedeutet für ihn, Frucht zu bringen in seinem Werk der Verkündigung, den Menschen zu dienen, für die Menschen da zu sein, das Werk Jesu weiterzuführen, die Botschaft Jesu in die ganze Welt zu bringen. Hier jedoch bezieht sich Paulus konkret auf die Philipper. Für sie wäre es besser, wenn Paulus am Leben bliebe. So könnte er dazu beitragen, die Gemeinde im Glauben zu festigen.

Doch Paulus kennt auch die Sehnsucht zu sterben. Er versteht den Tod als »aufbrechen«. Das ist ein Wort, das auch in der griechischen Literatur für das Sterben verwendet wird. Der Mensch bricht im Tod zu einer Reise auf, zur Reise in den Himmel, in den Bereich Gottes. Die Griechen verstehen den Tod als Heimkehr der Seele zu Gott. Paulus greift die Vorstellungen seiner Umwelt auf, deutet sie aber um. Für ihn ist das Ziel der Reise

PHIL 1,22–24 nicht die Heimkehr der Seele zu Gott, sondern das: »mit Christus sein«. Der Inhalt des ewigen Lebens ist für ihn, ganz und gar mit Christus zusammen zu sein. Die Gemeinschaft mit Christus erfährt er schon hier im Leben. Aber offensichtlich erwartet er sich vom Tod, dass er die Nähe Jesu auf neue Weise erfahren darf, ja dass er mit und in Christus sein wird. Der Apostel ist hier von einer tiefen Sehnsucht erfüllt, den Christus, für den er arbeitet und dessen Nähe er immer wieder erfährt, mit unverhüllten Augen zu sehen und sich der Gemeinschaft mit ihm zu erfreuen. Wie aus seinen anderen Aussagen im Neuen Testament geschlossen werden kann, erwartet sich Paulus vom ewigen Leben, dass er und alle Christen in der Gemeinschaft mit Jesus an der Herrlichkeit Gottes teilhaben dürfen, dass der Glanz Jesu Christi auch in ihnen aufleuchtet und sie ganz und gar von Christi Geist und Christi Herrlichkeit erfüllt werden.

Man spürt aus den Worten des Apostels seine Vorliebe für den Tod. Manche Exegeten meinen, das sei ein egoistisches Streben nach persönlicher Erfüllung. Doch Paulus lässt uns in sein Herz schauen. In seinem Herzen sehnt er sich danach, ganz und gar bei Christus zu sein. Der Tod ist für ihn keine Angst erregende Vorstellung. Vielmehr erfüllt ihn der Gedanke an den Tod mit Freude, Hoffnung und Sehnsucht. Doch er ist zugleich bereit, sich ganz und gar für die Menschen einzusetzen. Ja, er sieht ein, dass es für die Philipper besser wäre, wenn er aus dem Gefängnis entlassen wird und für sie arbeiten kann.

Paulus überlässt die Entscheidung Gott. Daher ist er innerlich frei für beide Möglichkeiten. Er muss sich keine Sorgen machen, wie die Richter über ihn entscheiden werden. Er freut sich zu sterben. Aber er freut sich auch, die Philipper wieder zu sehen und für sie da zu sein.

Wenn du dein Leben mit der Freiheit des heiligen Paulus betrachtest, wird dir die Angst vor dem Tod vergehen. Aber du wirst auch nicht in eine ungesunde Todessehnsucht verfallen. Der Tod wird nicht zur Flucht vor dem Leben werden. Vielmehr wirst du erkennen, worum es in deinem Leben eigentlich geht. Es geht um Fruchtbringen, um Aufblühen der Gestalt, die Gott dir geschenkt hat, aber auch um Frucht für die Menschen.

Du lebst nicht allein für dich, sondern du lebst in Gemeinschaft mit anderen. Dein Leben hat auch eine Bedeutung für die andern. Es soll für sie Frucht bringen, die sie nährt, an der sie sich erfreuen. Welchen Geschmack hinterlässt du mit deinem Leben? Einen bitteren Geschmack oder den angenehmen Geschmack einer süßen Frucht? Die Frucht muss nicht immer in einer Leistung bestehen, sondern darin, dass sich andere an dir und deinem Leben erfreuen und sich davon nähren können.

9. Phil 1,25–26

Und im Vertrauen darauf bin ich gewiss, dass ich noch bleibe und verweile unter euch allen zu eurem Fortschritt und zu eurer Freude im Glauben, damit euer Stolz in Christus Jesus zu sein, durch mich wachse, wenn ich wieder zu euch komme.

Paulus hat darüber nachgedacht, was besser ist: weiter zu leben oder zu sterben. Er sieht ein, dass es notwendiger ist, zu leben und für die Menschen zu arbeiten. Er setzt auf das Leben und vertraut darauf, dass er aus dem Gefängnis herauskommen wird. Wenn Gott sein Wirken für notwendig erachtet, dann wird er auch Wege finden, ihn aus der Gefangenschaft zu befreien.

Sein Bleiben und sein Wirken unter den Philippern wird ihnen zum Fortschritt im Glauben dienen und zur Freude. Der Grund ihrer Freude wird nicht einfach das Wiedersehen sein, sondern der Glaube, in dem sie wachsen werden. Freude ist ein Grundthema des Philipperbriefs. Ausgerechnet aus dem Gefängnis heraus spricht Paulus immer wieder von seiner eigenen Freude und von der Freude der Philipper. Es ist eine Freude, die auch durch missliche äußere Umstände nicht beeinträchtigt werden kann. Es ist die Freude im Glauben, die Freude über die Botschaft Jesu Christi, über seine heilende und befreiende Nähe, die sie im Glauben erfahren.

Und Paulus spricht vom Ruhm. Der Mensch soll sich nicht seiner selbst rühmen. Denn was er an Gaben hat, ist nie sein Verdienst. Doch es gibt auch ein gutes Rühmen. Es ist das Rühmen in Jesus Christus. Wir dürfen uns seiner Wohltaten rühmen, seiner Gnade, seiner Liebe, seiner Erlösung. Wenn Paulus wieder zu den Philippern kommt, dann wird ihr Ruhm in Jesus Christus wachsen. Doch ein Grund ihres Ruhmes ist auch in Paulus selbst begründet. Denn er hat ihnen das Evangelium verkündet und wird ihnen nach seiner Freilassung helfen, dass ihr Glaube an das Evangelium sich vertiefe und ihre Freude stärke.

Du kennst in dir sicher auch das Bedürfnis, dich zu rühmen, dich vor andern Menschen gut hinzustellen, dich selbst zu loben. Aber du erlebst auch Menschen, bei denen dir das Angeben auf die Nerven geht; andere machen sich immer klein. Das macht uns oft genug hilflos und manchmal aggressiv. Wie würde ein Rühmen aussehen, das dem des heiligen Paulus entspricht? Worauf darfst du stolz sein? Wenn du dankbar bist für deine Erfolge, für die Gaben und Fähigkeiten, die du hast, dann lenkst du deinen Ruhm immer auf Gott. Das ist ein Rühmen, wie Paulus es versteht. Es mündet in Dankbarkeit. Die Dankbarkeit macht uns nicht klein, sondern lässt uns die Größe erkennen, die Gott uns geschenkt hat. Das ist eine Größe, die niemandem auf die Nerven geht, sondern die auch andere groß werden lässt.

Nur verhaltet euch würdig des Evangeliums Christi, damit ich, ob ich komme und euch sehe oder ob ich fern bin, von euch höre, wie ihr in dem einen Geist feststeht, einmütig zusammen kämpft für den Glauben an das Evangelium und wie ihr euch in keiner Weise einschüchtern lasst von den Widersachern. Das ist für sie ein Anzeichen des Verderbens, für euch aber der Rettung, und zwar von Gott. Denn euch ist es im Blick auf Christus geschenkt worden, nicht nur an ihn zu glauben, sondern auch für ihn zu leiden, da ihr denselben Kampf zu bestehen habt, den ihr an mir gesehen habt und jetzt von mir hört.

Paulus richtet seinen Blick von sich weg auf die Gemeinde in Philippi. Er mahnt sie, sie sollten als Gemeinschaft so leben, dass man an ihnen das Evangelium Jesu Christi ablesen kann. Paulus verwendet hier ein für die Griechen wichtiges Wort: *politeuesthe. Polis* ist die »Stadt«: Die Philipper sollen Bürger einer neuen Stadt sein, der Gemeinde Jesu Christi. Sie sollen das, was die Griechen mit der freien *polis* verbanden, auf neue Weise verwirklichen. Sie sollen in dieser Welt eine Gemeinschaft bilden, die vom Geist Jesu geprägt ist und die Welt von Grund auf verwandelt.

In seinen Ermahnungen gebraucht Paulus Worte aus der Kriegssprache. In Philippi hatten sich ja viele

Kriegsveteranen angesiedelt; sie verstehen die Bildwelt dieser Sprache. Die Philipper sollen in dem einen Geist, den Gott ihnen geschenkt hat, feststehen gegenüber aller Bedrohung, so wie ein Heer nicht wankt vor dem Feind. Sie sollen einmütig miteinander kämpfen für den Glauben, so wie ein Heer nur Erfolg hat, wenn es gemeinsam kämpft. Die Christen sollen sich von dem einen Geist leiten lassen, den Gott ihnen geschenkt hat. Sie sollen aber auch ein Herz und eine Seele werden, damit sie gemeinsam kämpfen und nicht gegeneinander. Und sie sollen sich in ihrem Kampf nicht einschüchtern lassen. Schließlich erinnert sie Paulus daran, dass man im Kampf auch verwundet werden kann. Sie werden ihre Wunden empfangen im Einsatz für Jesus Christus und nicht im Krieg für das Römische Reich. Am Beispiel des gefangenen Apostels können sie ablesen, dass der Kampf für Christus auch in die Bedrängnis und ins Gefängnis führen kann.

Die Christen sollen keine Angst haben, in einer feindlichen Umwelt Leid zu erfahren. Weil es um ein Leiden geht, das sie für Jesus Christus auf sich nehmen, werden sie im Leid die Gemeinschaft mit ihm erfahren. Paulus spricht vom »Geschenk«, von der »Gnade«, für Christus auch zu leiden. Daher sollen Christen darin keine Katastrophe, sondern eine Auszeichnung sehen, ein Hineinwachsen in die Gemeinschaft mit Jesus Christus. Im Leid werden sie Christus näher sein, da wird sich ihr Glaube vertiefen.

PHIL 1,27–30

Vielleicht tust du dich schwer mit der kriegerischen Sprache dieses Textes und mit dem Verständnis von Leid als Auszeichnung. Wir denken bei Kampf sofort an unnötige kriegerische Konflikte. Für die Philipper waren diese Worte dagegen Ermutigung. Sie stärkten sie in ihrem Kampf. Gemeinsamer Kampf weckte in ihnen Energie und Lust am Leben. Sie bedauerten sich nicht und jammerten nicht über ihr Schicksal. Sie wuchsen daran. Der Kampf, von dem Paulus spricht, ist kein Kampf *gegen* jemanden oder gegen etwas, sondern ein Kampf *für* das Leben, für Christus, für die Freiheit und für die Erfahrung des Glaubens. Die frühen Mönche sind dem heiligen Paulus gefolgt, indem sie ihr Leben als *militia Christi,* als »Kriegsdienst für Christus« verstanden haben. Askese war für sie ein Ringen mit den Leidenschaften. Sie erhofften sich von diesem Kampf, dass er sie innerlich stärke. Sie kreisten in ihrem geistlichen Leben nicht um ihr Wohlgefühl, um ihre spirituelle Wellness, sondern wollten sich im Kampf für das Leben bewähren. Der Kampf war für sie nicht nur beschwerlich. Er forderte sie auch heraus und schenkte ihnen Lust am Leben. Wenn wir bereit sind, unser Leben als Kampf zu verstehen und uns den Auseinandersetzungen mit den inneren Feinden unserer Seele zu stellen, werden wir eine neue Qualität von Lebendigkeit und Stärke erfahren. Wir werden uns nicht so leicht aufgeben und uns von den Schwierigkeiten des Lebens nicht aus der Bahn werfen oder einschüchtern lassen.

11. Phil 2,1–2

Wenn es nun eine Ermahnung in Christus gibt, einen liebevollen Zuspruch, Geistesgemeinschaft, herzliche Liebe und Mitgefühl, dann macht meine Freude dadurch voll, dass ihr einig seid, indem ihr die gleiche Liebe hegt und einmütig auf dasselbe bedacht seid.

Nach dem Blick auf den gemeinsamen Kampf für den Glauben inmitten einer feindlichen Umwelt richtet Paulus nun sein Augenmerk auf die Gemeinschaft der Philipper untereinander. In einem feierlichen Ton hebt er an, um seine Brüder und Schwestern zur Einmütigkeit aufzurufen. Er will sie in Christus ermutigen, ihnen gut und liebevoll zureden und sie auf die Einheit im Geist hinweisen, die sie durch den Heiligen Geist empfangen haben. Und er spricht das Erbarmen und Mitgefühl an, das ihnen in Jesus Christus begegnet ist. Diesen Vorgaben, die sie durch Christus erhalten haben, soll nun ihr Verhalten entsprechen. Und mit einem Verhalten, das aus dem Geist Jesu fließt, bereiten sie ihm eine große Freude.

Vier Bitten spricht Paulus aus: die Philipper sollen dasselbe bedenken, die gleiche Liebe hegen, eine Seele werden und das Eine im Sinn haben. Im Griechischen sind diese vier Forderungen eingerahmt durch das zweimalige *phronein*, das »sinnen, bedenken« bedeutet. Die

Phil 2,1–2 Philipper sollen einmal »dasselbe« und dann das »Eine« bedenken. Sie sollen in die gleiche Richtung denken. Paulus deutet diese Bitte aus mit der gleichen Liebe: Sie sollen eine Liebe haben, die allen gilt.

Und dann spricht der Apostel von dem »Einen«, auf das die Christen in Philippi sinnen sollen. Das »Eine«, *to hen*, ist in der griechischen Philosophie ein wichtiger Begriff. Die Griechen litten unter der inneren Zerrissenheit zwischen Geist und Trieb, zwischen Denken und Fühlen, zwischen den verschiedenen Bedürfnissen im Menschen. Und sie litten unter der Spaltung, die immer wieder die menschlichen Gemeinschaften zerriss. Deshalb sollen die Philipper auf Einheit bedacht sein. Sie sollen das Eine Notwendige und Entscheidende bedenken, das sie in Jesus Christus empfangen haben: seinen heiligen Geist der Einheit, seine Liebe, die die Zerrissenheit aufhebt. Wenn sie auf *dieses* Eine sinnen, dann wachsen ihre Seelen zusammen, sie werden *sympsychoi*. Die Gemeinschaft bekommt gleichsam eine einzige Seele.

Offensichtlich war das die größte Sorge des Apostels im Gefängnis, dass die Gemeinde, die er aufgebaut hatte, innerlich auseinander fallen könnte. Dabei denkt er nicht an Irrlehrer, sondern an die auseinander strebenden Tendenzen, die in jeder Gemeinschaft am Werk sind: Machtspiele und Vorurteile, Sympathien und Antipathien. Wenn die Gemeinschaft durch den einenden Geist und die eine Liebe geprägt ist, gibt sie ein beredtes Zeugnis für Jesus Christus.

Die heutige Kirche bietet oft mit ihren inneren Streitereien ein anderes Erscheinungsbild. Man spürt, dass sie aus verschiedenen Geistern lebt und nicht aus dem einen Geist Jesu Christi. Doch was Paulus von der Gemeinde in Philippi erwartet, gilt für jede Gemeinschaft: für eine klösterliche Gemeinschaft, für eine Pfarrei und für eine Familie. Einheit heißt dabei nicht, dass alle das Gleiche denken müssen. In unserer Zeit wird individuelles Denken hoch geschätzt. Wir lassen uns nicht gerne von einer »Einheitsideologie« vereinnahmen. Doch wenn in sich selbständige Menschen miteinander eins sind und einmütig auf das gleiche Ziel bedacht sind, dann entsteht eine Kraft, die diese Welt zu gestalten vermag, auch wenn die Gemeinschaft der Einmütigen nur sehr klein ist. Das ist die große Chance kirchlicher Gemeinschaften, dass sie miteinander am Werk Christi bauen und so diese Welt prägen und verwandeln.

Was möchtest du heute dazu beitragen, dass um dich herum herzliche Liebe und Mitgefühl wächst? Was kannst du tun, damit die Einheit in der Gemeinschaft stärker wird? Bist du eins mit dir? Spüren die Menschen, dass du mit dir im Einklang bist? Oder geht von dir eher Spaltung aus, weil du vieles in dir selbst ablehnst? Du kannst nur dann die Einheit um dich herum stärken, wenn du das, was du in dir wahrnimmst, nicht abspaltest, sondern in die Einheit mit Gott hineinnimmst und dich damit aussöhnst.

Nichts geschehe aus Streitsucht oder eitler Ruhmsucht, vielmehr achte in Demut jeder den anderen höher als sich selbst. Jeder sei nicht nur auf das Eigene bedacht, sondern auch auf das der anderen. Solche Gesinnung habt untereinander, wie sie auch in Christus Jesus war.

Zwei Haltungen gefährden vor allem das Gemeinschaftsleben: Streitsucht und eitle Prahlerei, nichtige Ruhmsucht. Die Streitsucht kommt aus einem in sich zerrissenen Herzen. Wer ständig mit anderen streitet, verlagert seine innere Zerrissenheit auf die anderen. Weil er in sich gespalten ist, spaltet er andere. Die leere Ruhmsucht lässt sich vor allem bei Menschen antreffen, die voller Minderwertigkeitskomplexe sind. Sie müssen ständig über sich reden und sich rühmen. Doch der griechische Ausdruck meint, dass dieses Rühmen »leer« ist. Es sind nur Worte, die keiner Wirklichkeit entsprechen. Daher hinterlässt solches Rühmen bei den Zuhörern einen faden und leeren Beigeschmack.

Die Grundbedingung für ein gedeihliches Gemeinschaftsleben ist für Paulus die Demut. Damit rühmt er eine Haltung, die bei den Griechen ganz und gar nicht beliebt war. Das griechische Wort *tapeinophrosyne* bedeutet in Griechenland eine niedrige Gesinnung, die Haltung eines Sklaven. Im Judentum hatte Demut einen positiven Klang. Vor allem die Gemeinde von Qumram hat die Demut gepriesen als Voraussetzung für ein gutes Miteinander. Die Demut ist der Mut, die eigene Menschlichkeit mit ihren Höhen und Tiefen wahrzunehmen und anzunehmen.

Für Paulus drückt sich das Wesen der Demut darin aus, dass ich den anderen, die andere höher achte als mich selbst. Das bedeutet nicht, dass ich mich kleiner mache, als ich bin. Es geht nicht darum, sich selbst zu entwerten, um die anderen aufzuwerten. Ich kann den Wert des anderen nur anerkennen, wenn ich auch um meinen eigenen Wert weiß. Aber ich brauche meine Würde nicht zu beweisen. Ich bin frei, den anderen in seiner Würde zu sehen und mich daran zu freuen. Und ich bin frei, von mir selbst abzusehen und auf das zu sehen, was die anderen brauchen. Demut ist also nicht Selbstentwertung, sondern innere Freiheit und Wertschätzung des anderen. In der Demut steckt das Gespür für das, was dem anderen gut tut. Solche Haltung ist notwendig, damit Menschen miteinander einmütig zusammen leben können, ohne ständigen Konkurrenzkampf, ohne Druck, mit anderen zu rivalisieren.

Paulus wünscht von den Philippern, dass sie auf dasselbe bedacht sind, das Jesus Christus in seiner Menschwerdung, in seinem Leben und Sterben bestimmt hat. Sie sollen sich bemühen, die Gesinnung Jesu nachzuahmen, wie Jesus die Menschen zu sehen und über sie zu denken. Dann wird ihr Miteinander ge-

PHIL 2,3–5 lingen. Und sie werden mit ihrem Leben Zeugen für Christus. Paulus sieht dabei weniger auf die geschichtliche Person Jesu mit ihrer individuellen Psychologie. Er erkennt die Gesinnung Jesu vielmehr schon in seiner Menschwerdung. Da ist Jesus hinabgestiegen. Da hat er Demut erwiesen. Und diese Demut gipfelte in seinem Tod am Kreuz.

Wie siehst du dich und die andern? Kennst du den Mechanismus, die anderen abzuwerten, um dich aufzuwerten? Wenn du um deinen Wert weißt, wie kannst du dann die anderen sehen? Versuche, dich mit der Demut Jesu anzufreunden, die darin besteht, dein Menschsein mit seiner Erdhaftigkeit und Erdgebundenheit anzunehmen und alles in dir Gott hinzuhalten, damit er es durch seinen Geist verwandelt.

Er, der in Gottesgestalt war,
erachtete das Gottgleichsein nicht als Beutestück;
sondern er entäußerte sich selbst,
nahm Knechtsgestalt an
und wurde den Menschen gleich.
In seiner äußeren Erscheinung als ein Mensch erfunden,
erniedrigte er sich selbst
und wurde gehorsam bis zum Tod,
ja bis zum Tod am Kreuz.
Darum hat Gott ihn erhöht
und ihm den Namen gegeben,
der über alle Namen ist,
auf dass im Namen Jesu sich jedes Knie beuge
im Himmel, auf der Erde und unter der Erde
und jede Zunge bekennt: Jesus Christus ist der Herr
zur Ehre Gottes, des Vaters.

Um die Gesinnung Jesu aufzuzeigen, lässt Paulus nun den berühmten Christus-Hymnus in seinen Brief einfließen. Er übernimmt in ihm ein Lied, das die Gemeinde in ihrer Liturgie sang. In wunderbaren Bildern wird hier der Weg Jesu beschrieben: Jesus ist und bleibt Gott. Aber er hat sein Gottgleichsein nicht als Beutestück für sich behalten wollen. Er hat sich selbst entäußert. Das griechische Wort *ekenosen* meint: er hat

PHIL 2,6–11 »sich entleert«. Er hat seine göttliche Gestalt abgelegt und hat die Gestalt eines Sklaven angenommen. Das ist der Gipfel der Demut, zu der Paulus die Philipper aufgerufen hat. Und Paulus gebraucht nun auch das Wort *etapeinosen*, das in der griechischen Bezeichnung für Demut steckt: Jesus hat sich als Mensch »erniedrigt«. Er ist hinabgestiegen bis in den Staub des Todes, ja sogar bis in die Schmach des Kreuzestodes. Der Tod am Kreuz ist Ausdruck der Demut Jesu und zugleich seines Gehorsams.

Die Exegeten haben bemerkt, dass Paulus hier gar nicht sagt, *wem* Jesus Gehorsam erwiesen hat. Offensichtlich meint Paulus mit Demut und Gehorsam nicht persönliche Haltungen Jesu, die er Gott gegenüber gezeigt hat. Vielmehr beschreiben Demut und Gehorsam das Geschehen von Menschwerdung und Tod Jesu am Kreuz. Jesus hat sich in seiner Menschwerdung selbst entäußert, er ist in das irdische Leben mit seinen Bedrängnissen und Beschränkungen eingetreten und ist ihm »gehorsam« geworden. Er hat sich angenommen in seinem Eingebundensein in die Geschichte mit ihren Zufälligkeiten und in ein Leben, das im Tod endet. Er wollte dabei keine Ausnahme. Er hat Ja gesagt zu einem Leben, das aufgrund politischer Intrigen im Tod am Kreuz endete.

Doch Gott hat etwas ganz anderes aus dieser Selbstentäußerung und Selbsterniedrigung gemacht. Er hat diesen Jesus über alles erhöht. Er hat ihm einen Namen gegeben, der über allen Namen steht. Und nun sollen alle Mächte dieser Welt, die himmlischen und irdischen und die unterirdischen Mächte, ihr Knie vor Jesus beugen und bekennen: »Herr ist Jesus Christus, zur Ehre Gottes des Vaters«.

Es ist ein mythisches Bild, das in diesem Hymnus aufleuchtet. Die Mächte, die bisher den Menschen versklavten, sollen Christus anerkennen. Ihre Macht ist durch den Tod Jesu am Kreuz zerbrochen. Solche Mächte, die uns im Griff haben, sind:

- unsere Daseinsangst
- das blinde Schicksal, dem wir ausgeliefert sind
- die Sinnlosigkeit
- die Verlorenheit in dieser Welt
- die Vergänglichkeit und Hinfälligkeit unserer menschlichen Natur.

Diese Mächte sind durch Christus entmachtet. So sind wir frei. Indem auch wir unsere Knie vor Jesus Christus beugen und ihn als unseren Herrn bekennen, werden wir frei von den Mächten dieser Welt. Wir werden hineingenommen in den Herrschaftsbereich Jesu. Dort haben die feindlichen Mächte keinen Zutritt. Wir sind frei von den Anfeindungen der Mächtigen, von der Leere und Sinnlosigkeit, die diese Welt prägen.

Lasse die Worte des Christus-Hymnus immer wieder in dein Herz fallen. Wiederhole sie in deinem Innern, versuche sie zu schmecken und in das innere Geheimnis dieser Worte einzudringen. Du wirst dabei nie an ein Ende kommen. Aber vielleicht geht dir auf, welche Erfahrung Paulus im Gefängnis mit Jesus gemacht hat und wie faszinierend für ihn das Geheimnis seiner Person war, der für uns Mensch geworden ist, um uns mit göttlichem Leben zu erfüllen und uns gerade so zu wahrem Menschsein zu befreien.

14. Phil 2,12–13

Darum, meine Lieben, wie ihr stets gehorsam wart, nicht nur in meiner Anwesenheit, sondern noch viel mehr in meiner Abwesenheit, bewirkt euer eigenes Heil mit Furcht und Zittern! Denn Gott ist es, der in euch ebenso das Wollen wie das Vollbringen schafft, noch über eueren guten Willen hinaus.

Nach dem wunderbaren Christus-Hymnus kommt Paulus nochmals auf den Gehorsam der Philipper zu sprechen. Er hat in seiner Anwesenheit in Philippi erfahren, dass sie auf seine Worte gehört und den Glauben gehorsam angenommen haben. Sie haben letztlich auf Gott gehört und waren Gott gehorsam. Doch nun spricht Paulus eine Mahnung aus, die viele Ausleger und Leser irritiert hat: »Wirkt euer Heil mit Furcht und

Zittern!« Der Glaube ist der Grund für das Heil, das den Philippern in Jesus Christus verkündet worden ist. Aber sie müssen an diesem Heil selbst mitarbeiten. Sie sollen ihre ganze Existenz vom Glauben an Jesus Christus durchdringen lassen, damit alle Abgründe ihrer Seele von der heilenden und befreienden Liebe Jesu Christi erfüllt und erleuchtet werden. Gott wirkt das Heil nicht automatisch. Ich muss ihm meine unheilvolle Situation, meine unerlösten Lebensmuster, meine Ängste und Blockaden hinhalten, damit er sein Heil an mir wirken kann.

Aber was meinen »Furcht und Zittern«? Furcht und Zittern sind eine Formel, die im Alten Testament immer wieder vorkommt. Beide Worte beschreiben das Betroffensein des Menschen durch Gott. Gott ist nicht einfach eine Idee, über die man nachdenken kann, sondern Gott fährt mir in die Knochen, ich erfahre ihn. Und wenn ich ihn am eigenen Leib erlebe, dann beginnt in mir ein Beben. *Paul Tillich* meint, Gott sei das, was uns unbedingt angeht. Über Gott kann man nicht aus einer sicheren Distanz heraus sprechen. Gott ist der, der meine ganze Existenz betrifft. Und da ich mir mein Lebensgebäude gerne nach eigenem Gutdünken errichte, kann Gott die Grundfesten meines Lebenshauses erschüttern. Paulus zeigt mit diesen Worten, dass wir durch Jesus Christus vor den lebendigen Gott geraten, der uns mächtig durcheinander zu schütteln vermag.

Paulus will den Philippern mit seinen Worten

keine Angst einflößen, sondern sie auf die Wirklichkeit des ganz anderen Gottes verweisen. Dass es ein gütiger und barmherziger Gott ist, der Vater Jesu Christi, wird im nächsten Satz deutlich. Gott selbst schafft in uns das Wollen und Vollbringen, weil er Wohlgefallen an uns hat. Wir stehen unter seiner Gnade, unter seinem Wohlwollen. Und er schenkt uns seinen Geist, damit wir das Gute sowohl wollen als auch tun. Wir müssen unser Heil nicht aus eigener Kraft wirken. Gott selbst wirkt in uns. Er zeigt unserem Willen das Ziel, auf das er sich hinbewegen soll. Und er stärkt uns, damit wir das Ziel auch erreichen. In allem, was wir tun, stehen wir unter der Gnade Gottes und dürfen auf Gottes helfende Hand vertrauen.

Versuche der Zusage des heiligen Paulus zu trauen, dass Gott auch in dir wirkt, dass er deinen Willen in die rechte Bahn lenkt und ihn bei seinem Tun unterstützt. Lass die Worte in dein Herz dringen. Gott selbst ist es, der in dir das Wollen und Vollbringen bewirkt. Wenn diese Worte sich tief in dein Herz einprägen und dein Denken bestimmen, dann wirst du deine Angst überwinden, du würdest dein Leben nicht schaffen, du würdest scheitern.

Gott ist bei dir und mit dir. Dein Leben wird gelingen, auch wenn du dich manchmal gescheitert fühlst. Es wird vielleicht anders gelingen, als du dir vorstellst. Aber Gott wirkt in dir das Heil. Er macht dich heil und ganz. Gott lässt dein Leben gelingen.

15. Phil 2,14–15

Tut alles ohne Murren und Widerstreben, damit ihr rein seid und lauter, Kinder Gottes ohne Makel mitten in einer verdrehten und verkehrten Generation, unter der ihr leuchtet als Lichter in der Welt.

Paulus fährt fort mit seiner Ermahnung an die Philipper. Er tut es, indem er sich an alttestamentliche Texte anlehnt, die das Murren und den Widerstand der Israeliten beim Auszug aus Ägypten beschreiben. Er warnt vor zwei zerstörerischen Haltungen: dem »Murren« und dem »Widerstreben«, das heißt den misstrauischen Überlegungen. Murren meint im Sinn des Alten Testamentes ein Sich-Abwenden von Gott. Ich rebelliere gegen Gott. Ich bleibe Gott gegenüber in der Situation eines kleinen Kindes, das nicht bekommt, was es will. In diesem Murren werde ich blind für das, was Gott an mir erwiesen hat und was er mir täglich schenkt. Und in den misstrauischen Überlegungen, in dem Hin- und Herwälzen der Gedanken, in den Grübeleien verstricke und verschließe ich mich gegenüber Gott. Ich bleibe nur in meinen eigenen Bedenken hängen und weigere mich, mich Gott zu überlassen.

Wenn die Philipper diese beiden selbstzerstörerischen Haltungen ablegen, dann werden sie »untadelig«, »lauter« und »makellos« sein. Es sind drei Wörter, die fast

Phil 2,14–15 das Gleiche meinen. Sie beschreiben einen Menschen, der ganz und gar dem ursprünglichen und unverfälschten Bild entspricht, das Gott sich von ihm gemacht hat. In jedem von uns ist etwas Lauteres, das vom Makel der Sünde ausgenommen ist. Wenn wir uns Gott nicht verschließen, sondern uns seiner Liebe öffnen, dann kommen wir in Berührung mit dem Reinen und Unversehrten in uns. Für Paulus ist das die Aufgabe der Christen, dass sie mitten in einem verdrehten und verkehrten Geschlecht, wie er es in seiner Zeit wahrgenommen hat, als lautere und unverdorbene Menschen wandeln. Sie sollen bei aller Verdunkelung der Humanität den *wahren Menschen* darstellen, wie er von Gott her gemeint ist.

Wenn die Philipper so leben, dann werden sie zu Lichtträgern in dieser Welt. Oder – wie man das griechische Wort auch übersetzen kann – zu leuchtenden Sternen im Weltall. Sie werden das Dunkel der Nacht erleuchten mit ihrem reinen und lauteren Leben. Sterne sind Hoffnungszeichen in der Nacht. So versteht Paulus die christliche Gemeinde als Zeichen der Hoffnung für die von Finsternis geprägte Welt.

Vielleicht denkst du: Ich kann ja sowieso nichts machen in dieser Welt. Die Welt wird von anderen Kräften beherrscht. Die Politiker machen, was sie wollen. Die Medien bestimmen, was man heute denkt. Paulus will diese Gedanken nicht gelten lassen. Wenn du versuchst, ohne Murren und ständige Bedenken so zu leben, wie Gott dich gemeint hat, wenn du dein ursprüngliches und unverfälschtes Bild in dieser Welt sichtbar werden lässt, dann trägst du dazu bei, dass diese Welt heller und heiler wird. Dort wo du lebst, leuchtet dann mitten in der Nacht ein Stern, auch wenn er noch so klein ist. Aber dieser eine Stern verwandelt die Nacht. Und wenn die Christen miteinander so leben, wie Gott es ihnen zutraut, dann werden sie immer mehr die Nacht dieser Welt erleuchten und zu Lichtträgern der Hoffnung werden.

16. PHIL 2,16–18

Am Wort des Lebens haltet fest, mir zum Ruhm für den Tag Christi, weil ich dann nicht vergeblich gelaufen bin und mich nicht vergeblich abgemüht habe. Aber wenn ich auch geopfert werde auf dem Altar und im Dienst an eurem Glauben, so freue ich mich doch und freue mich mit euch allen. Ebenso sollt auch ihr euch freuen und euch mit mir freuen.

Paulus nennt das Evangelium »Wort des Lebens«. Es ist ein Wort, das Leben weckt, das uns Leben ermöglicht. In der Kirchengeschichte haben leider manche Verkünder das Evangelium nicht als Wort des Lebens, son-

PHIL 2,16–18 dern als Wort der Lebensverneinung verstanden. Doch damit haben sie Jesus auf unangemessene Weise verkündet. Jesus ist der Anführer zum Leben, der uns anleitet, wie das Leben gelingt. Wenn die Philipper am Wort des Lebens festhalten, dann gereicht es auch Paulus zum Ruhm, dann darf er dankbar auf seine Arbeit zurückschauen. Sie war nicht umsonst. Dieses Umsonst drückt Paulus in zwei Bildern aus.

Das erste Bild stammt aus dem sportlichen Bereich. Er ist dann nicht vergeblich in der Rennbahn gelaufen. Und er hat sich nicht umsonst abgemüht und bei seiner Sorge für die Gemeinde nicht umsonst alle seine Kräfte eingesetzt.

Der Gedanke an die Mühen im Dienst an der Gemeinde lässt Paulus an seinen Tod denken. Es ist ja möglich, dass er seinen Dienst im Martyrium für den Glauben vollendet. Das Urteil über ihn ist noch nicht gesprochen. Bei der Willkür damaliger Rechtsprechung muss Paulus auch mit der Möglichkeit des gewaltsamen Todes rechnen. Er beschreibt diesen Tod in der Opfersprache, die sowohl den Juden als auch den Griechen bekannt war. Das ist das zweite Bild: Das Leben des Apostels wird auf dem Altar gleichsam wie ein Trankopfer ausgegossen. Dadurch wird sein Dienst an der Gemeinde vollendet. Doch der Gedanke an den Opfertod macht Paulus keine Angst. Vielmehr ist er für ihn Anlass zur Freude. Und mit ihm sollen sich auch die Philipper freuen.

Uns erscheint es sonderbar, angesichts einer möglichen Hinrichtung Freude zu empfinden. Doch Paulus meint hier keine oberflächliche Freude, sondern die Freude als Gabe Gottes. Die Kirchenväter haben später von der unzerstörbaren und unverderblichen Freude gesprochen. Die Freude, die Christus uns durch sein Evangelium schenkt, ist eine Freude, die stärker ist selbst als der Tod. Sie wird durch den Tod nicht zunichte, sondern kommt gerade in ihm zur Vollendung. Denn im Tod wird die Freude an Christus eine neue Dimension erfahren. Wenn wir im Tod ganz beim Herrn sind, wird die Freude durch nichts mehr getrübt werden.

Diese Gewissheit veranlasst den Paulus, jetzt schon zur Freude aufzurufen. Ganz gleich, wie seine Gefangenschaft ausgehen wird, der Glaube an Jesus Christus, der den Tod in seiner Auferstehung überwunden hat, ist Anlass zu einer Freude, die sich durch keine äußere Bedrängnis beeinträchtigen lässt.

Wie steht es mit deiner Freude? Freust du dich nur, wenn du Erfolg hast oder dir ein Freund oder eine Freundin Zuwendung geschenkt hat? Oder ist Freude eine Grundstimmung in deinem Leben? Versuche, die Freude des heiligen Paulus nachzuempfinden, die ihn in der Rauheit und Kargheit des Gefängnisses erfüllte. Stell dir vor, dass selbst der Tod diese Freude nicht nehmen kann. Wenn du in deinem Herzen etwas von dieser todüberwindenden Freude erahnst oder gar spürst, dann wirst du wahrhaft frei. Dann schrecken dich mögliche Schicksalsschläge nicht. Dann verliert sich die Angst vor Krankheit, vor Scheitern, vor Versagen und Verlassenwerden.

Diese Freude können wir nicht festhalten. Sie entspringt nicht unserer Psyche, sondern ist ein Geschenk Jesu Christi. Wir können sie immer nur für einen Augenblick wahrnehmen. Dann wird sie wieder durch die Bedrängnisse von außen zurückgedrängt. Aber dieser eine Augenblick der Freude verwandelt unser Leben.

Ich hoffe aber im Herrn Jesus, euch bald Timotheus zu senden, damit ich mich beruhigt fühle, wenn ich erfahre, wie es euch geht. Denn ich habe sonst keinen Gleichgesinnten, der so hingebend um eure Anliegen besorgt ist. Alle suchen ja das Ihre, nicht die Sache Christi Jesu. Aber ihr wisst, dass es sich bewährt hat: wie ein Kind dem Vater, so hat er mit mir dem Evangelium gedient. Ihn also hoffe ich zu senden, sobald ich meine Lage übersehen kann. Ich habe aber die Zuversicht im Herrn, auch selber bald zu kommen.

Paulus möchte den Philippern seinen Mitarbeiter Timotheus senden, um zu erfahren, wie es ihnen geht. Dahinter steht kein äußerliches Interesse. Vielmehr hängt davon das Wohlbefinden seiner Seele ab. Da die äußere Situation des Paulus undurchsichtig ist – der Ausgang des Prozesses ist noch offen –, kann Paulus nicht genau sagen, wann er Timotheus senden wird. Es ist schön, wie Paulus seinen Mitarbeiter schildert. Er nennt ihn »gleichgesinnt«. Im Griechischen heißt es *isopsychon,* das heißt wörtlich »von gleicher Seele«. Timotheus denkt und fühlt genauso wie Paulus. Er ist ihm ans Herz gewachsen. Sie verstehen sich nicht nur in ihrer Theologie, sondern auch im persönlichen Bereich. Und Timotheus sorgt sich hingebend und mit reiner Gesinnung um die Gemeinde in Philippi. Das kann Paulus von anderen Mitarbeitern nicht sagen. Im Vergleich zu Timotheus muss er schmerzlich gestehen, dass sie nur das Ihre suchen, nur den eigenen Vorteil. Ihnen geht es nicht wirklich um Jesus Christus. Timotheus dagegen ist ein erprobter und bewährter Mitarbeiter. Auf ihn kann man sich verlassen.

Paulus schildert seine Beziehung zu Timotheus mit dem sehr persönlichen Bild von Vater und Kind. Er war dem Paulus wie ein Kind seinem Vater zugetan und hat alles für ihn getan. Sein Ziel war aber nicht die persönliche Beziehung, sondern die Arbeit für das Evangelium. Er hat wie ein Kind für den Vater und mit ihm für das Evangelium gearbeitet. Er wollte nicht konkurrieren. Er hat Jesus Christus im Sinn und nicht die eigenen Interessen. Sobald Paulus Klarheit darüber hat, wie sein Prozess ausgehen wird, wird er Timotheus nach Philippi schicken. Er ist brennend daran interessiert, wie es seinen Brüdern und Schwestern dort geht. Und er drückt das Vertrauen aus, dass Gott seiner Gefangenschaft einen guten Ausgang beschert und er dann bald selbst kommen könne.

Die Beschreibung des Timotheus möchte ein Spiegel sein, in dem du dich und dein Christsein prüfen kannst. Timotheus heißt vom Namen her: »der Gott fürchtet«. Es ist also ein Christ, für den Gott wichtig ist, der sich von Gott betreffen lässt, der sein Leben auf Gott baut.

Worauf baust du dein Lebenshaus? Ist Gott die Grundlage deines Lebens? Ist Gott für dich die eigentliche Realität? Oder baust du dein Haus auf eigene Interessen auf, so wie die anderen Mitarbeiter des Paulus?

Timotheus ist beziehungsfähig. Er kann sich in Paulus einfühlen; er fühlt mit ihm. Er ist ihm in seiner Seele ähnlich. Wie steht es um deine Beziehungsfähigkeit? Kannst du dich auf andere wirklich einlassen? Kannst du dich in sie hineinfühlen und mit ihnen fühlen? Bist du fähig, mit deinem Freund oder deiner Freundin, mit deinem Ehepartner »auf gleicher Wellenlänge« zu kommunizieren? Mit wem spürst du Seelenverwandtschaft, Seelengleichheit?

Timotheus ist ein zuverlässiger und treuer Mitarbeiter, auf den sich Paulus blind verlassen kann. Er dient dem Evangelium und nicht sich selbst. Wie steht es um deine Arbeit? Kann man sich auf dich verlassen? Dienst du in deiner Arbeit einem größeren Ziel oder geht es dir um die eigenen Interessen, um das Geld, das du verdienst, um deine Karriere, um dein Prestige?

Dringend erschien es mir, Epaphroditus, meinen Bruder, Mitarbeiter und Mitstreiter, euren Abgesandten und Helfer meiner Not, zu euch zu senden. Denn er sehnte sich nach euch allen und war beunruhigt, weil ihr von seiner Erkrankung gehört habt. Ja, er war krank bis auf den Tod, aber Gott erbarmte sich seiner, jedoch nicht nur seiner, sondern auch meiner, damit ich nicht Kummer über Kummer hätte.

Die Philipper hatten einen der Ihren, den Epaphroditus, zu Paulus ins Gefängnis gesandt. Sie haben ihm eine Geldspende mitgegeben, damit er Paulus damit unterstütze. Die Verpflegung in den antiken Gefängnissen war alles andere als zufrieden stellend. Offensichtlich sorgten sich die Philipper um das Wohlergehen des Paulus und schickten Epaphroditus, damit er für alles Notwendige Sorge trage und so der Not des Gefangenen abhelfe.

Doch nun schickt Paulus ihn zurück. Als Begründung gibt er sein Heimweh an und seine Krankheit. Manche Exegeten sehen im Heimweh des Abgesandten ein Scheitern der Mission. Sie meinen, der junge Mann sei seiner Sendung nicht gewachsen gewesen. Er habe sich in der fremden Stadt Ephesus nach seiner Familie und nach der Gemeinde zurückgesehnt. Und er ist offensichtlich schwer erkrankt. Worin diese Krankheit bestand, sagt uns der Text nicht. Paulus sagt nur, dass Epaphroditus wegen seiner Krankheit beunruhigt war. Er wusste, dass die Philipper davon gehört hatten. Offensichtlich war die Nachricht von seiner Krankheit sehr schnell nach Philippi gelangt. Paulus schildert diese Krankheit als eine, die auch zum Tode hätte führen können. Es war also ein schweres Geschick, das den Gesandten ereilte. Doch Gott hat sich seiner erbarmt, nicht nur zum Heil des Epaphroditus, sondern des Paulus wegen. Paulus hätte Kummer über Kummer gehabt, wenn der, der für ihn die lange Reise nach Ephesus auf sich genommen hatte, in seiner Nähe gestorben wäre.

In diesen Bemerkungen wird zum einen die persönliche Beziehung des Paulus und sein herzliches Verhältnis zur Gemeinde in Philippi deutlich. Zum andern entdecken wir etwas von der Menschlichkeit der damaligen Glaubensboten, sowohl des Epaphroditus, den sein Heimweh und seine innere Unruhe wieder nach Hause trieb, als auch des Paulus, den der Tod seines Helfers in tiefe Traurigkeit gestürzt hätte. Es ging nicht nur um Glaubensvermittlung, sondern auch um persönliche Beziehungen, um die Sorge und Hilfe füreinander und um ein tiefes inneres Betroffensein durch das Leid des andern. Und es zeigt, dass die frühen Glaubensboten durchaus mit menschlichen Regungen zu kämpfen hatten. Sie waren hin und her gerissen zwi-

PHIL 2,25–27 schen ihren Familien und ihrem Eingebettetsein in die Heimat und ihrem Auftrag, in die Ferne zu ziehen und der Verkündigung des Glaubens zu dienen. Denn Epaphroditus ist ja im Dienst der Glaubensverkündigung zu Paulus nach Ephesus gereist, um ihm den Gefängnisaufenthalt erträglicher zu machen.

Kennst du den Konflikt zwischen deiner Berufung und den Gefühlen, die dich in den alten Strukturen und Gruppierungen festhalten? Wie entscheidest du dich, wenn du einen Ruf spürst, in eine ferne Stadt zu ziehen, des Berufs wegen oder wegen einer Heirat oder wegen einer Aufgabe, die auf dich wartet? Vielleicht hat der Körper des Epaphroditus auf den inneren Zwiespalt reagiert. Manchmal wollen wir nicht wahrhaben, was für uns stimmig ist. Dann zwingt uns der Leib, genauer hinzuhören und das zu tun, was Gott uns im Innersten sagt. Hörst du auf die leisen Impulse, die Gott dir in deinem Herzen gibt? Oder wartest du, bist der Leib streikt und dir zu verstehen gibt, dass du ihn und in ihm Gottes Ruf ernst nehmen sollst?

Umso mehr beeile ich mich, ihn zu senden, damit euch sein Wiedersehen froh macht und ich einen Kummer weniger habe. Nehmt ihn also auf im Herrn mit aller Freude und haltet Männer wie ihn in Ehren; denn um des Werkes Christi willen kam er dem Tode nahe und setzte sein Leben aufs Spiel, um den Mangel in eurem Dienst für mich auszugleichen.

Paulus schickt den Epaphroditus nach Philippi zurück, damit die Gemeinde sich freuen kann. Und er mahnt die Gemeinde, ihn mit aller Freude aufzunehmen und ihn in Ehren zu halten. Exegeten schließen aus dieser Bemerkung, dass Epaphroditus in Philippi heftig dafür kritisiert worden ist, dass er seinen Auftrag vorzeitig abgebrochen hat. Doch Paulus rechtfertigt ihn. Er hat sein Leben um Christi willen aufs Spiel gesetzt. Er ist nicht erkrankt, weil er den Auftrag nicht erfüllen wollte, sondern um des Werkes Christi willen. Er hat sich für Christus eingesetzt und hat seinen Einsatz mit einer schweren Krankheit bezahlt.

Paulus wehrt sich hier gegen eine psychosomatische Deutung der Krankheit. Letztlich hat die Krankheit ihren Grund im Einsatz für Christus. Diese Sicht befreit uns von der heute weit verbreiteten Denkweise, sich für jede Krankheit selbst die Schuld zuzuschreiben, so als

PHIL 2,28–30

ob ich mir meine Krankheit selber machen würde. Paulus sagt: Nein, die Krankheit ist dem Epaphroditus widerfahren, als er sich mit ganzer Kraft für das Evangelium eingesetzt hat. Sie zeigt also nicht den Widerstand des Gesandten gegen seinen Auftrag, sondern ein Widerfahrnis, dessen Ursache wir nicht ergründen können. Wir können nur sehen, wozu es dient. Und da meint Paulus, es sei Ausdruck dafür, dass der Gesandte sein Leben für Christus aufs Spiel gesetzt hat. Wer es wagt, wegen der Glaubensverkündigung in die ganze Welt zu reisen, dem widerfährt manches Bedrängende. So hat es Paulus selbst erfahren. Den Korinthern zählt er seine Leiden auf, die Todesgefahr, in der er immer wieder geschwebt hat, die Gefährdungen auf der Reise. Alles das hat er Christi wegen auf sich genommen (vgl. 2 Korinther 11,21–33).

Den Dienst am Werk Christi beschreibt Paulus mit einem eigenartigen Ausdruck: »die Lücke in eurem Opferdienst auffüllen«. In der zugrunde gelegten Bibelausgabe (Herder-Bibel) wird es übersetzt: »um den Mangel in eurem Dienst für mich auszugleichen«. Epaphroditus hat in Ephesus seinen Dienst im Auftrag der Philipper verrichtet. Er hat die ganze Gemeinde damit vertreten. Paulus nimmt den Gesandten mit seinen Worten in Schutz.

Heute leiden wir genauso an Vorurteilen, wie es zur Zeit des heiligen Paulus war. Auch heute entsteht in einer

Firma, in einer Pfarrei, in einer Gemeinde leicht ein Gerücht über uns. Es werden uns Dinge nachgesagt, von denen wir nichts wissen. Gegen solche Gerüchte können wir uns kaum wehren. Da brauchen wir einen Fürsprecher wie den heiligen Paulus, der uns ins richtige Licht stellt. Paulus kritisiert nicht die Philipper oder beschimpft sie gar. Er führt die Rechtfertigung des Gesandten sehr taktvoll durch, ohne jemand zu verletzen. Er schafft keine Gräben, sondern verbindet die Menschen miteinander. In der Rechtfertigung des Epaphroditus vollzieht er selbst, was er von den Philippern gefordert hat: »In Demut achte jeder den anderen höher als sich selbst« (Phil 2,3).

Wie gehst du damit um, wenn Menschen Gerüchte über andere erzählen? Hörst du neugierig zu und regst mit deinem Zuhören die Erzähler noch an, weiter auszuholen? Oder zeigst du ihnen, dass du über andere nicht sprichst, vor allem wenn sie nicht gegenwärtig sind? Versuche heute, wie Paulus zum Fürsprecher für solche Menschen zu werden. Du kannst sagen: »Das interessiert mich nicht. Ich weiß nicht, was der andere wirklich denkt und tut. Es steht mir nicht zu, zu urteilen und zu bewerten. Reden wir von etwas anderem.« Oder du kannst den andern bewusst verteidigen. Du kannst sagen, wie du ihn erlebst. Dein Erleben ist dir wichtiger als die Gerüchte, die über ihn ausgestreut werden. Dann bringst du die Gerüchtemacher zum Schweigen und verunsicherst die, die sich daran ergötzen.

20. Phil 3,1

Im Übrigen, meine Brüder und Schwestern, freut euch im Herrn! Mir macht es nichts aus, euch dasselbe (nochmals) zu schreiben, euch aber dient es zur Festigung.

Hier klingt wieder das Hauptmotiv des Philipperbriefs auf: die Freude. Immer wieder mahnt Paulus die Philipper, sich zu freuen. Und es wird ihm nicht lästig, die Gemeinde ständig von neuem auf die Freude hinzuweisen. Es ist nicht die Freude über einen glücklichen Ausgang seines Gerichtsverfahrens. Auch nicht die Freude über das gute Einvernehmen zwischen ihm und der Gemeinde. Die Freude hat letztlich im Herrn, in Jesus Christus, seinen Grund.

Von außen betrachtet hatte Paulus nicht viel Grund zur Freude gehabt. Er war im Gefängnis, ungerechten Anfeindungen ausgesetzt und willkürlichen Gerichtsverfahren ausgeliefert. Trotzdem schreibt er immer wieder von seiner eigenen Freude, und er mahnt die Philipper, sich im Herzen zu freuen. In dieser Freude drückt sich die Tod und Leid überwindende Kraft seines Glaubens aus.

Wer sich selbst in aussichtsloser Situation noch zu freuen vermag, der hat einen anderen Grund in seinem Leben als das äußere Gelingen. Paulus hat in Christus seinen Grund. Er vertraut ihm. Und ganz gleich, ob er leben oder sterben wird, ob er dem Gefängnis entrinnt oder hingerichtet wird, er weiß sich in Christus.

Doch was heißt das: in Christus sein, sich im Herrn freuen? Wir sagen manchmal von einem Menschen: Er ist unselbständig. Eine Person ist ganz und gar in der Hand ihres Partners oder ihres Chefs. In Christus sein heißt nicht: unselbständig sein und sich von Jesus manipulieren lassen. Vielmehr bedeutet es ein Aufgehobensein in Christus, ein Getragensein von seiner Liebe, ein Hineingenommensein in seine Liebe, die uns durchdringt. Und diese Liebe Christi durchdringt mich auch dort, wo die äußeren Verhältnisse so bedrohlich sind wie die Gefangenschaft des Paulus. Die Zuwendung Christi ist wichtiger als die Haltung der Menschen um mich herum. Ich weiß mich so in Christus hineingezogen, dass mir die Ablehnung von Menschen nichts mehr ausmacht. Meine Existenz hat einen tieferen Grund.

Und dieser tiefere Grund ermöglicht mir eine Freude, die nicht davon abhängt, ob mir meine Arbeit gelingt, ob ich Glück habe, ob ich Anerkennung und Bestätigung finde. Ja, mit der Liebe Christi ist zugleich auch seine Freude in mir. Im Johannesevangelium konnte Jesus verheißen, dass seine Freude in uns sei. Mit seinen Worten dringe auch seine Freude in unser Herz und fülle die oft klein gewordene Freude in uns mit seiner göttlichen Freude an (vgl. Johannes 15,11).

PHIL 3,1 Ich freue mich im Herrn, wenn ich die Freude in mir zulasse, die auf dem Grund meines Herzens bereit liegt. Es ist letztlich die Freude, die mir von Gott in Jesus Christus zugekommen ist. Diese Freude lässt sich durch momentane Launen oder durch Enttäuschung und Traurigkeit nicht zerstören. Sie hört nicht auf, weil sie ihren Grund in Gott hat.

Höre in dich hinein und stelle dir vor, dass auf dem Grund deiner Seele eine Freude ist, die durch nichts zerstört werden kann, weder durch Gefangenschaft, noch durch Krankheit oder Tod, weder durch Anfeindungen von Menschen noch durch Kränkungen oder Verachtung. Trau dieser Freude. Sie wird dir eine innere Freiheit schenken und Dankbarkeit für dein Leben.

21. Phil 3,2–3

Gebt Acht auf die Hunde! Gebt Acht auf die Pfuscher! Gebt Acht auf die Verschnittenen! Denn die Beschneidung sind wir, die wir im Geist Gottes anbeten, unseren Ruhm in Christus Jesus haben und unser Vertrauen nicht auf das Fleisch setzen.

Nach dem Aufruf zur Freude ändert sich auf einmal der Ton im Brief des Apostels. Jetzt schaut er auf die falschen Lehrer, auf Menschen, die die Beschneidung predigen. Für uns ist das ein Thema, das uns kaum in Rage bringen könnte. Doch für Paulus war die Frage der Beschneidung entscheidend. Die Griechen, die sich zu Christus bekehrt haben, müssen nicht das jüdische Gesetz annehmen. Und ein wichtiges Zeichen für das jüdische Gesetz war die Beschneidung. Paulus nennt die Propagandisten der Beschneidung sarkastisch »Verschnittene«. Wir wundern uns über die grobe Ausdrucksweise des Apostels. Sie scheint gar nicht zu seiner Christusmystik zu passen. Da spüren wir die Aggressivität dieses Mannes heraus. Aber für Paulus ist es ein heiliger Zorn. Denn ihm geht es um die wahre Botschaft Jesu Christi, die Verkündigung der Freiheit. Christus hat uns gerecht gemacht. Wir brauchen nicht mehr die äußeren Formen wie die Beschneidung, um uns zu beweisen, dass wir alles richtig machen.

Phil 3,2–3 Wir sollen unsern Ruhm in Christus haben und nicht unser Vertrauen »auf das Fleisch« setzen. Für Paulus heißt »Vertrauen auf das Fleisch«: auf die Erfüllung äußerer Gebote, auf Einhaltung von Ritualen und Speisevorschriften vertrauen. Für Paulus ist die Begegnung mit Jesus Christus die entscheidende Erfahrung seines Lebens geworden. In ihr hat er die Freiheit gespürt, die Christus uns gebracht hat. Jesus hat im Kreuz die Maßstäbe dieser Welt durchgestrichen. Wir brauchen nicht mehr ängstlich auf die Einhaltung äußerer Gebote zu achten. Vielmehr dürfen wir vertrauen, dass Christus uns in seinem Tod am Kreuz bedingungslos angenommen und uns gerecht gemacht hat. Aus diesem Vertrauen heraus sollen wir die Werte echter Menschlichkeit leben: herzliches Erbarmen, Liebe, Geduld, Sanftmut.

Diese Werte sind Antwort auf die große Erfahrung der Güte und Menschenfreundlichkeit Gottes, die uns in Christus erschienen ist. Wir müssen durch die Gebote unsern Wert nicht mehr beweisen. Wir sollen nur antworten auf die Erfahrung der Freiheit, der Rechtfertigung, der Erlösung. Paulus wird so aggressiv, weil es ihm um die Zentralfrage des Glaubens geht: um die bedingungslose Liebe Jesu Christi, die uns in seinem Tod am Kreuz erschienen ist und alle Gesetze dieser Welt entmachtet und durchgestrichen hat.

Was heißt für dich »Vertrauen auf das Fleisch«, auf eine eigene Kraft, deine Gesundheit, deine Begabung, deine

Leistung? Woraus definierst du dich? Von deinem Erfolg, von der Anerkennung durch andere oder von Gott, von seiner Liebe her, von seiner bedingungslosen Annahme deiner selbst? Überlege, wie dein Leben aussehen würde, wenn du dein Vertrauen auf Christus setzt, wenn du dich frei fühlen würdest von dem Druck, dich vor den andern beweisen zu müssen?

22. PHIL 3,4–6

Ich könnte wahrhaftig mein Vertrauen auch auf das Fleisch setzen. Wenn irgendein anderer meint, auf das Fleisch sein Vertrauen zu setzen, ich könnte es noch mehr. Beschnitten am achten Tag, aus dem Volk Israel, vom Stamm Benjamin, ein Hebräer von Hebräern, dem Gesetz nach ein Pharisäer, dem Eifer nach ein Verfolger der Kirche, der Gesetzesgerechtigkeit nach untadelig.

Was »Vertrauen auf das Fleisch« für Paulus bedeutet, das zeigt der Apostel in dieser Aufzählung. Man spürt aus den Sätzen seine innere Erregung. Denn Paulus formuliert keine vollständigen Sätze. Es sind nur hingeworfene Wendungen. Paulus kann auf die Beschneidung setzen, wenn er möchte. Denn wie jeder Jude ist er am achten Tag beschnitten worden. Der Apostel zählt nun

PHIL 3,4–6 drei angeborene und drei erworbene Vorzüge auf. Angeboren ist der Vorzug, dass er aus dem Volk Israel stammt, konkret aus dem Stamm Benjamin, aus dem auch König Saul entspross. Und er ist Hebräer unter Hebräern. Israelit und Hebräer zu sein ist für Paulus eine Ehrensache. Während die Heiden den Namen »Jude« oft mit einem Unterton der Verachtung aussprachen, sind Israelit und Hebräer Ehrennamen. Paulus erinnert an die große Geschichte des Volkes Israel. Hebräer sind die, die in einer fremden Umwelt dem Gesetz treu bleiben und die hebräische Sprache beherrschen. Auf all diese Vorzüge kann Paulus hinweisen. Und dann spricht er von dem, was er selbst in seinem Leben getan hat. Er hat sich der strengen Richtung der Pharisäer angeschlossen, die sich durch konsequente Gesetzesbefolgung auszeichnete. Er hat in seinem Eifer für das Gesetz die Verkünder des neuen Weges, die Christen, verfolgt. Und er war untadelig im Einhalten aller Gesetze. Er kann sich nichts vorwerfen. Paulus könnte sich mit den Verkündern der Beschneidung in seinem Wandeln nach den jüdischen Gesetzen messen.

Aber das ist für Paulus Vergangenheit. Die Begegnung mit Jesus Christus hat alle seine früheren Maßstäbe über den Haufen geworfen. Mit der Aufzählung seiner Vorzüge »dem Fleische nach« will Paulus seinen Gegner zeigen, dass er kein Laxist ist, keiner, der sich der neuen Lehre zuwendet, weil er die Gesetze nicht einzuhalten vermag. Er hat es vor seiner Bekehrung bewiesen, dass er sich im Eifer für das Gesetz hervorgetan hat. Den Galatern hat er das sehr deutlich vor Augen geführt: »In der Treue zum jüdischen Gesetz überflügelte ich viele Altersgenossen in meinem Volk« (Galater 1,14).

Paulus hat sich dem neuen Weg Jesu Christi zugewandt, weil er eine überwältigende Erfahrung gemacht hat: die Erfahrung der bedingungslosen Liebe Gottes, die in Jesus Christus offenbar geworden ist. Am Kreuz ist für ihn der Weg des Gesetzes, auf dem man sich seinen Wert vor Gott beweisen musste, durchgestrichen worden. Das Kreuz ist für ihn der Wegweiser zu einem neuen Weg geworden, zum Weg der Freiheit, der Liebe, der Dankbarkeit für die Erlösung in Jesus Christus.

Welche Vorzüge könntest du aufzählen? Für welche Gaben bist du dankbar? Was sind angeborene Vorzüge, für die du Gott danken darfst? Und wo hast du dir durch viel Mühe etwas erworben, auf das du stolz sein kannst? Sei dankbar für alles, was Gott dir geschenkt hat, für deine Eltern, für deine Begabungen und Fähigkeiten, für das, was dir im Leben geglückt ist. Wenn du dankbar bist, rühmst du dich nicht. Du gibst den Dank an Gott weiter. Am allermeisten aber sollst du – so meint es der heilige Paulus – dafür danken, dass Gott dir in Jesus Christus seine bedingungslose Liebe gezeigt hat. Du bist bedingungslos angenommen, ohne Vorleistung und ohne dass du Gott etwas vorweisen müsstest.

23. Phil 3,7–8a

Doch was mir Gewinn bedeutete, das habe ich wegen Christus als Verlust erkannt. Jawohl, ich erachte alles als Verlust um der unüberbietbar großen Erkenntnis Christi Jesu willen, meines Herrn.

Unmittelbar nach der Aufzählung aller seiner Vorzüge dem Fleische nach spricht Paulus in einem lapidaren, aber umso bedeutungsschwereren Satz aus: Das alles ist für mich nicht wichtig. Früher war es für mich Gewinn. Heute ist es für mich ein Verlust, ein Nichts. Der Grund für diese Umkehrung meiner Werte ist Jesus Christus. Alles, was ich geleistet habe, mein Eifer für das Gesetz, das peinlich genaue Einhalten aller Gebote, auf das jeder Jude stolz gewesen wäre, und alle anderen Vorzüge, die ich als Mensch mit einer guten Begabung und einer robusten Gesundheit mitbekommen habe, erachte ich jetzt als Verlust. Ich habe etwas anderes erkannt.

Paulus nennt seine neue Einsicht: »die unüberbietbar große Erkenntnis Christi Jesu, meines Herrn«. Das griechische Wort für Erkenntnis, *gnosis*, hatte in der großen Bewegung der Gnosis einen guten Klang. Mit Erkenntnis verband man die Schau des Göttlichen. Durch die Schau Gottes werde ich in das göttliche Bild hinein verwandelt. Ich bekomme Anteil an Gott. Ich werde im Schauen eins mit Gott. Für die Griechen ist

Erkennen immer ein Sehen. Ich sehe den Dingen auf den Grund. Ich schaue das Geheimnis des Seins. Paulus hat in Jesus Christus sein Leben in einem neuen Zusammenhang gesehen. Er hat in Jesus Christus den Grund allen Seins geschaut. Und dieses Schauen Jesu hat ihn völlig verwandelt.

Es war nicht ein unbeteiligtes Schauen, sondern ein Schauen, in dem dieser Jesus, den er bisher verfolgt hatte, zu seinem Herrn wurde. Es hat ihn in eine persönliche Beziehung zu Jesus gebracht. Ja, es hat ihn in Christus hineingezogen und hineinverwandelt. Es gibt nichts Größeres als diese Schau Jesu. In ihr geht einem alles auf. Da wird auf einmal alles klar.

Die frühen Kirchenväter haben diese Schau als Kontemplation bezeichnet und in ihr das Ziel des geistlichen Lebens gesehen. Wenn mir Jesus Christus wirklich aufgeht, wenn ich auf ihn blickend das Geheimnis allen Seins schaue, dann ist für mich auf einmal alles klar. Ich sehe nicht etwas Bestimmtes, klar Abgrenzbares, sondern ich blicke durch. Ich sehe auf den Grund. Vom heiligen *Benedikt* erzählt uns Papst *Gregor der Große,* dass er in einem einzigen Sonnenstrahl die ganze Welt erblickt hat. Er hat nicht die Einzelheiten dieser Welt gesehen, sondern den Grund, der alles zusammen hält. Und in dieser Schau wurde ihm alles auf einmal klar. Die frühen Christen nannten das »Erleuchtung«. Da wird alles erleuchtet vom Licht Jesu Christi.

Phil 3,7–8a

Ich bin mir sicher, dass du schon einmal eine solche Erkenntnis, eine solche Schau, eine Erleuchtung hattest. Vielleicht hast du den Untergang der Sonne beobachtet. Und auf einmal wurde dir alles klar. Oder du bist auf einer Bank in einem Park gesessen oder auf einem Hügel, von dem aus du die Landschaft betrachtetest. Auf einmal war dir alles klar. Du warst einverstanden mit deinem Leben. Auch wenn in deinem Herzen immer nur Unruhe war, warst du in der Tiefe ganz ruhig. Und obwohl vieles in deinem Leben noch ungeordnet und unklar war, hast du in der Tiefe eine innere Klarheit und Einheit gespürt. In diesem Augenblick war alles für dich gut. Du warst heil und ganz. Da hast du genau die Erfahrung gemacht, die Paulus in der unüberbietbaren Erkenntnis Jesu Christi, seines Herrn, machen durfte. Da hat er wahre Freiheit, Klarheit, Liebe, Zustimmung und Einssein verspürt. Gehe dein Leben durch und suche nach solchen Erfahrungen auch bei dir.

Um seinetwillen habe ich alles preisgegeben und halte es für Dreck, um Christus zu gewinnen und in ihm zu sein, nicht im Besitz meiner eigenen Gerechtigkeit, wie sie aus dem Gesetz stammt, sondern jener Gerechtigkeit, die aus dem Glauben an Christus kommt, der Gerechtigkeit aus Gott aufgrund des Glaubens.

Nochmals kommt Paulus auf seine Vergangenheit zu sprechen. Er hält seinen ganzen Ehrgeiz, mit dem er das Gesetz einhalten wollte, für »Dreck«, für Kehricht und Unrat. Er greift mit diesem Bild einen damals in Griechenland verbreiteten Slogan auf. Von einem Liebhaber sagt der griechische Dichter *Plautus*, er würde, verglichen mit seiner Liebe, seine ganze Habe als »Dreck« betrachten. An die Stelle der geliebten Frau, für die der Liebhaber seinen Besitz als gering erachtet, tritt für Paulus Jesus Christus. Um seinetwillen hat er seine vergangene »Habe«, seine Gerechtigkeit, die er mit seiner strengen Einhaltung aller Gebote erreicht hatte, preisgegeben. Die aus eigener Kraft erarbeitete Gerechtigkeit kommt ihm nun wie Kehricht vor, den man wegwischt, genauso wie einer, der seinen Besitz aufgibt, um der geliebten Frau dorthin zu folgen, wo sie mit ihm leben möchte.

Paulus möchte Christus gewinnen. Seinetwillen lohnt es sich für ihn, alles andere loszulassen. Christus

Phil 3,8b–9 erfüllt seine Sehnsucht, so wie eine Geliebte die Sehnsucht des Liebhabers stillt. In inniger Gemeinschaft mit Christus zu sein: Das ist das Ziel seines Strebens.

Was Paulus aufgibt, nennt er »die Gerechtigkeit, die aus dem Gesetz kommt«. Uns kommt das abstrakt vor. Für den Apostel ist es das Lebensmuster, dem er bisher gefolgt ist. Es ist das Streben, sich durch genaues Befolgen von Vorschriften sein Richtigsein selbst zu erarbeiten. Oder man könnte sagen: Es ist die eigene Leistung, auf die Paulus aufgebaut hat, die religiöse Leistung, mit der er die Zuwendung und Bestätigung durch Gott erkaufen wollte. Er wollte sich vor Gott beweisen. Er wollte beweisen, dass er die Gebote erfüllen kann. Gott bleibt dann ja gar nichts anderes übrig, als ihn zu belohnen! In einer solchen Vorstellung und religiösen Praxis geht es nicht darum, eine persönliche Beziehung zu Gott aufzubauen, sondern um das eigene Selbstbild, um das Bild eines in sich richtigen und gerechten Menschen. Das ist für Paulus nun nichts als Mist. Jetzt geht es ihm um die Gerechtigkeit, die aus dem Glauben an Christus kommt.

Es ist nicht mehr die Gerechtigkeit, die ich mir selbst erarbeite, sondern die, die mir Gott schenkt. Gott ist es, der mich gerecht macht, der alles in mir, was gegen ihn steht, auf ihn hin ausrichtet. Der Tod Jesu am Kreuz ist für Paulus der Ort, an dem diese Gerechtigkeit Gottes am klarsten zum Ausdruck kommt. Am Kreuz hat Christus das religiöse Leistungskonzept durchge-

strichen und unser Leben auf Gott hin ausgerichtet. PHIL 3,8b–9
Weil Gott den gekreuzigten Jesus auferweckt hat, ist das Kreuz für Paulus ein Zeichen dafür, dass Gott auch das, was in uns tot und erstarrt ist, zum Leben auferwecken kann, allein aufgrund seiner Gnade. Tod und Auferstehung Jesu sind für Paulus Beweis, dass Gott alles in uns zu verwandeln und alles in uns richtig zu machen vermag. Für den Apostel ist das die überwältigende und sein bisheriges Lebensgebäude einstürzende Erfahrung, für die er nicht genug danken kann.

Wie steht es mit deiner Gerechtigkeit? Musst du dich ständig vor andern beweisen, dass du richtig bist? Fragst du dich bei allem, was du tust, ob es auch richtig ist, ob du auch den Erwartungen der Menschen gerecht wirst? Oder lebst du aus dem tiefen Vertrauen, dass du so, wie du bist, richtig bist und dass der Glaube an Christus dich immer mehr auf Gott hin ausrichtet und dich in Gott zu einem aufrechten, gerechten und richtigen Menschen formt?

25. Phil 3,10–11

Ihn will ich erkennen und die Kraft seiner Auferstehung und die Leidensgemeinschaft mit ihm, indem ich gleichförmig werde mit seinem Tod, in der Hoffnung, zur Auferstehung der Toten gelangen zu können.

Das Ziel, dem Paulus nachjagt, ist die Erkenntnis Jesu Christi. Ein wichtiges Merkmal dieser Erkenntnis Christi, durch die Paulus teilhat an dessen göttlichem Leben, besteht darin, die Kraft seiner Auferstehung zu erkennen. Es ist ein eigenartiger Ausdruck, den Paulus hier gebraucht. Die »Kraft der Auferstehung« besteht wohl darin, dass es nichts mehr im menschlichen Leben gibt, das nicht verwandelt werden kann. Die Auferstehung Jesu zeigt, dass Gottes Kraft selbst am Tod keine Grenze findet. Alles in uns vermag hineingezogen zu werden in die Auferstehung Jesu, in das neue Leben, das Christus uns schenken möchte.

Doch die »Kraft der Auferstehung« bedeutet für den Apostel auch, dass er gemeinsam mit Christus leidet und ihm gleichförmig wird in seinem Tod. Die Auferstehung Jesu verleiht Paulus die Kraft, sich den Leiden zu stellen, die ihm bei der Verkündigung des Evangeliums begegnen. Er sucht sich diese Leiden nicht aus. Aber er hat keine Angst, sie auf sich zu nehmen, wenn sie ihn treffen. Denn er weiß, dass er in seinem Leiden teilhat am Schicksal Jesu. Statt über die Leiden zu jammern, fühlt er gerade in den Bedrängnissen seines Lebens eine tiefe persönliche Beziehung zu Jesus Christus. Er fühlt sich Jesus in seinem Leiden besonders nahe. Ja, er vermag das Geheimnis Jesu Christi gerade dann tiefer zu verstehen, wenn er selbst von außen und innen bedrängt wird. Die Bedrängnisse, denen er im Gefängnis von Ephesus ausgesetzt ist, bedeuten für ihn kein Scheitern oder eine Bedrohung seiner Sendung. Vielmehr erfährt er gerade darin die Leidensgemeinschaft mit Christus und ein Gleichförmigwerden mit seinem Tod.

So wird das Leiden für den Apostel zu einer Quelle der Erkenntnis Jesu Christi: In der Einsamkeit des Gefängnisses erlebt er Jesu Einsamkeit am Kreuz. In seiner Ohnmacht, aus eigener Kraft dem Gefängnis zu entrinnen, fühlt er sich mit der Ohnmacht eins, die Jesus in seinem Ringen mit dem Vater am Ölberg erfahren hat. In seiner Auslieferung an die Willkür der Behörden weiß er sich mit Jesus verbunden, der den Intrigen der Mächtigen zum Opfer gefallen ist. In diesen Erfahrungen geht Paulus auf, wer Jesus eigentlich ist und wie groß seine Liebe zu uns ist, dass er dem Leiden nicht aus dem Weg gegangen ist, sondern die Solidarität zu uns durchgehalten hat.

Paulus weiß, dass das Leiden und der Tod nicht der Endpunkt sind, sondern in die Auferstehung münden, die er für sich erwartet. Die Hoffnung auf die Auferstehung lässt sein Leiden in einem andern Licht erscheinen. Sie nimmt ihm das Bedrückende und Beängstigende. Der Glaube an die Auferstehung befähigt den Gefangenen, unerschrocken die Botschaft von Jesus dem Gekreuzigten und Auferstandenen zu verkünden, ohne Rücksicht auf eventuelle Gefahren.

Wie deutest du die Leiden, die dir widerfahren? Jammerst du, dass sie dir zustoßen? Machst du sie Gott zum Vorwurf? Oder vermagst du sie im Glauben an die Auferstehung anzunehmen als einen Durchgang zum wahren Leben, oder gar als Ort, an dem du in besonderer Weise die Gemeinschaft mit Jesus Christus erleben darfst? Versuche die Bedrängnisse, in die du immer wieder gerätst, als Chance zu sehen, das Geheimnis Jesu Christi zu erkennen und Tod und Auferstehung Jesu besser zu verstehen. Dann wirst du gelassener und mit mehr Vertrauen dein Leben wagen, ohne Angst vor dem, was dir auf deinem Weg widerfahren und dich durchkreuzen könnte.

26. Phil 3,12–14

Nicht als hätte ich es schon ergriffen oder als wäre ich bereits vollendet, aber ich jage ihm nach, um zu ergreifen, weil ich von Christus Jesus ergriffen ward. Brüder und Schwestern, ich bilde mir nicht ein, es schon ergriffen zu haben. Eins aber (tue ich): Ich vergesse, was hinter mir liegt, und strecke mich aus nach dem, was vor mir liegt. Dem Ziel jage ich nach, dem Siegespreis der himmlischen Berufung Gottes in Christus Jesus.

Paulus spricht in diesen Versen im Bild des Läufers, der auf der Rennbahn läuft, um den Siegespreis zu erlangen. Er wendet sich in diesem Bild gegen Brüder und Schwestern in der Gemeinde von Philippi, die offensichtlich der Meinung waren, sie seien schon am Ziel und ihr Leben sei schon durch den Glauben an Christus vollkommen geworden. Es gebe nichts mehr zu kämpfen, sondern nur noch zu genießen.

Paulus versteht sich als Läufer, der von Christus ergriffen ist, gepackt in einer Berufung, der er nicht mehr entkommt. Weil er von Christus in der Begegnung vor Damaskus in seiner ganzen Existenz ergriffen wurde, jagt er nun dem himmlischen Siegespreis nach, bis er ihn erlangt. Was er in dieser Begegnung geschaut hat, hat ihn so fasziniert, dass er nicht mehr davon ablässt, weiter zu laufen, bis er das himmlische Ziel erreicht hat.

PHIL 3,12–14 Aber er bildet sich nicht – wie die Gegner in Philippi – ein, dass er den Preis bereits in Händen hielte. Ihm ist vielmehr das eine wichtig: Was hinter ihm ist, das vergisst er. Und er streckt sich aus nach dem, was vor ihm liegt.

Hinter ihm liegt eine Lebensweise, die keine Frucht gebracht hat, ein vergebliches Sich-Mühen in der Einhaltung der Gesetze. Vor ihm liegt die Berufung zur ungetrübten Gemeinschaft mit Gott in Christus. Christus hat in der Begegnung vor Damaskus seine Augen nach oben ausgerichtet. Dort erwartet ihn ein Ziel, das alle seine Sehnsucht erfüllt. Nicht um andere Läufer zu übertreffen, unterzieht sich Paulus dem Wettlauf, sondern um den Siegespreis zu erlangen, der ihm vom Himmel entgegenkommt.

Für mich ist der Satz des Apostels in meiner persönlichen Situation entscheidend geworden: »Ich vergesse, was hinter mir liegt. Und ich strecke mich aus nach dem, was vor mir liegt.« Ich habe diesen Satz manchmal den Kursteilnehmern angeboten, um mit ihm ein Ritual des Begrabens und Loslassens auszudrücken. Die Kursteilnehmer sollten alles aufschreiben, was sie als Ballast mit sich herumschleppen. Das können alte Verletzungen sein. Das können Schuldgefühle sein, mit denen sie sich zerfleischen, Selbstvorwürfe, mit denen sie immer um alte Fehler kreisen. Das können manchmal auch Beziehungen sein, die nicht mehr stimmen, die man nur aus Pflichtbewusstsein aufrechterhält. Alles, was uns belastet, sollen wir wie Paulus vergessen und begraben.

Ich habe die Teilnehmer eingeladen, die Zettel mit allem, was sie aufgeschrieben haben, zusammenzuknüllen und dann mit den Worten des heiligen Paulus in eine Schale zu werfen. Danach haben wir dann die Zettel alle gemeinsam verbrannt. Bei vielen haben die Worte des Apostels eine tiefe Erschütterung hervorgerufen. Sie haben gespürt, dass es nicht so einfach ist, Altes loszulassen und sich auszustrecken nach dem, was vor ihnen liegt, nach dem, was Gott ihnen jetzt zutraut. Zugleich haben sie es als befreiend erfahren, Altes zu begraben, damit sie weiterlaufen können auf ihrem Weg, der sie zum Ziel führt.

Was möchtest du hinter dir lassen und begraben? Was schleppst du mit dir herum? Was hindert dich, auf deinem Weg weiterzulaufen? Wonach möchtest du dich ausstrecken? Was würdest du als das Ziel deines Lebens bezeichnen?

27. Phil 3,15–16

Wir alle also, die wir Vollkommene sind, wollen diese Gesinnung hegen; und wenn ihr in einem Punkte anders denkt, so wird Gott euch auch dies offenbaren. Doch was wir bereits erreicht haben, daran heißt es festzuhalten.

Paulus wendet sich an die »Vollkommenen« in Philippi. Damit meint er diejenigen, die wie er im Glauben gereift sind und einsehen, dass sie noch nicht am Ziel sind, sondern weiterlaufen müssen. Doch der Apostel rechnet auch damit, dass es in Philippi Leute gibt, die anders denken. Das macht ihm keine allzu große Angst. Er vertraut darauf, dass Gott ihnen schon zeigen werde, was der richtige Weg ist.

Paulus will die Philipper nicht von sich abhängig machen, sondern auf den Weg führen, der dem Weg Jesu Christi entspricht. Eins gilt für alle, die auf dem Weg sind: festhalten, was wir erreicht haben. Die Philipper sollen nicht im Übereifer, dass sie schon am Ziel wären, alles, was sie bisher erreicht haben, aufgeben. Das wäre für sie tödlich. Und Paulus würde es als Scheitern seiner Mission verstehen. Daher bittet er die Philipper, sich auf die gemeinsame Grundlage zu verständigen, die er bei seiner Verkündigung gelegt hat: auf Christus, der in ihnen allen am Werk ist.

Vielleicht kennst du auch die Versuchung, das, was dir wichtig geworden ist, über Bord zu werfen, nur weil jemand kam, um dich auf seine Seite zu ziehen. Du bist fasziniert von dem, was dir die Vertreter eines neuen Weges verheißen. Und du meinst, das wäre die Lösung für dich. Um dir keine Blöße zu geben, wirfst du alles weg, was dich bisher getragen hat. In einer Ecke deiner Seele spürst du, dass du gegen deine innere Überzeugung handelst. Aber du kannst nicht anders, als dem neuen Weg zu folgen. Wenn du diese Versuchung kennst, dann verstehst du, was dir Paulus sagen will: Halte fest an dem, was dich trägt. Ändere nicht alle zwei Jahre die Richtung deines Weges. Sonst kommst du nie an ein Ziel. Halte dich an das, was sich bewährt hat. Höre gut in dich hinein, was dir Gott sagt.

Paulus vertraut darauf, dass in jedem von uns Gott seine leise Stimme erklingen lässt. In ihr zeigt er uns, was für uns stimmt. Wir sollen vorsichtig sein, Menschen, die begeistern können, auf den Leim zu gehen. Wir würden das, was uns wirklich trägt, aufgeben und irgendwann unsanft auf der Nase landen.

Höre auf das, was Gott dir offenbart. Er spricht auch zu dir in deinem Herzen. Christus ist in dir. Er ist dein innerer Meister. Sei daher vorsichtig, menschlichen Meistern nachzufolgen. Schau genau hin, ob sie vielleicht mehr sich selbst predigen als Christus. Und folge dem, was Christus treibet – wie es *Martin Luther* so schön formuliert hat.

Brüder und Schwestern, werdet alle meine Nachahmer und schaut auf die, die nach dem Vorbild wandeln, das ihr an uns habt. Denn viele leben – von ihnen habe ich euch schon oft gesprochen, jetzt aber spreche ich mit Tränen davon – als Feinde des Kreuzes Christi. Ihr Ende ist Verderben, ihr Gott ist der Bauch, und ihr Ruhm liegt in der Schande; ihr Sinn ist auf das Irdische gerichtet.

Paulus bittet die Philipper, ihn in seinem Lebenswandel, in seiner Theologie und in seiner Spiritualität nachzuahmen. Sie sollen sich ein Vorbild nehmen an den Christen, die den Typus christlichen Lebens verwirklichen, wie es Paulus gepredigt hat und wie er es selbst vorlebt. In ihm haben sie einen sicheren Anker, an den sie sich halten können. Doch Paulus schaut voll Bitterkeit auf die vielen, die als »Feinde des Kreuzes Christi« wandeln. Offensichtlich sind solche Feinde des Kreuzes Christi auch in die Gemeinde in Philippi eingedrungen und verkünden dort eine andere Theologie. Sie meinen, sie seien schon vollkommen, sie könnten das Kreuz überspringen. Das Christentum sei der Glaube an die Auferstehung. Das Kreuz sei überwunden.

Vermutlich waren die Prediger nicht einfach boshaft. Sie haben einfach andere Akzente gesetzt als Paulus. Sie haben eine Theologie der Auferstehung und der

Herrlichkeit Gottes verkündet – und waren blind für die Realität des Leidens, das die Verkünder und die Bekenner des christlichen Glaubens immer wieder trifft. Für die »Feinde des Kreuzes Christi« ist das Schicksal des Paulus Beweis, dass er nicht die richtige Botschaft verkündet. Sein Aufenthalt im Gefängnis verweist auf das Scheitern seiner Sendung.

Gegen eine solche Haltung reagiert Paulus aggressiv. Er beschimpft seine Gegner mit starken Worten. »Ihr Ende ist Verderben.« »Ihr Gott ist der Bauch.« »Ihr Ruhm liegt in der Schande.« Das sind sehr polemische Ausdrücke. Wir können die aggressive Ausdrucksweise des Paulus nur verstehen, wenn wir seine Erfahrung mit Jesus Christus und sein Verständnis von Kreuz und Auferstehung betrachten. Paulus hat eine entscheidende Erfahrung gemacht. Das Kreuz ist für ihn einmal Bild der Befreiung und Erlösung. Zum andern aber ist das Kreuz auch etwas, das den Jünger genauso treffen kann wie Jesus. Wer sich auf Jesus einlässt und seine Botschaft verkündet, der wird in seinem Leben immer wieder durchkreuzt, dem widerfährt Leid, so wie es Paulus jetzt in seiner Gefangenschaft erlebt.

Der Apostel steht seine Gefangenschaft nur deshalb in innerer Freiheit und Freude durch, weil er darin eine Teilnahme am Kreuz Jesu sieht. Wenn Leid nur Scheitern bedeuten würde, dann müsste Paulus verzweifeln. Seine heftige Polemik ist also verständlich, wenn wir sein eigenes Schicksal anschauen. Aber Paulus will nicht nur seine persönliche Deutung seiner Gefangenschaft mit aller Macht verteidigen. Ihm geht es um die zentrale Frage des Christentums.

Sehen wir das Kreuz nur als Unglück, als Scheitern, als Beweis für die Verwerfung durch Gott? Oder erkennen wir in ihm das Geheimnis Jesu Christi und seiner Liebe, mit der er uns am Kreuz bis zur Vollendung geliebt hat? Nur wenn wir im Kreuz das Geheimnis Gottes erkennen, der den Gekreuzigten auferweckt und ihn zum Herrn der Schöpfung macht, werden wir der Botschaft Jesu und dem Wesen seiner Existenz gerecht. Und nur dann verkünden wir den christlichen Glauben so, wie ihn Paulus in der Begegnung mit Jesus erfahren hat.

Was bedeutet für dich Kreuz? Wie deutest du schmerzliche Widerfahrnisse wie Krankheit, Unfall, Unglück, Tod lieber Menschen? Siehst du darin eine Ablehnung durch Gott oder gar Strafe? Oder erkennst du im Kreuz das Geheimnis Jesu, der sein Kreuz auf sich genommen hat, von Gott aber auferweckt und als Herr der Welt bestätigt wurde?

Was würde das heißen, wie Paulus dein Leiden als Teilhabe am Kreuz Jesu zu verstehen? Ich versuche es mir so zu erklären: Wenn mir Leiden widerfährt, Krankheit, Unglück, Schicksalsschläge, innere Durststrecken, Leere und Depression, dann kann ich es als Ausgeschlossenwerden vom Leben deuten. Ich kann mir aber auch vorstellen, dass ich gerade darin Christus besonders nahe bin, der am Kreuz mein Leiden bereits durchlitten hat. Ich bin dann nicht allein mit meinem Leid. Und ich erahne, dass es – wenn ich es in der Gesinnung Jesu auf mich nehme – auch für andere fruchtbar werden kann. Statt Gott anzuklagen, nehme ich das Leiden an, in Solidarität mit den Leidtragenden dieser Welt. Ich habe das feste Vertrauen in mir: Wenn ich mein Leiden in der Gesinnung Jesu ausleide, dann wird diese Welt an dieser einen Stelle heller und heiler, dann wird auch mein Kreuz zu einem Zeichen der Hoffnung für andere.

29. PHIL 3,20

Unsere Heimat aber ist im Himmel, von woher wir auch den Retter erwarten, den Herrn Jesus Christus.

Gegenüber den Gegnern, die nur auf das Irdische trachten, erinnert Paulus die Philipper an ihre wahre Heimat. Und die ist im Himmel. Christen sollten immer wissen, dass sie hier auf Erden nur Fremdlinge sind. Ihr Heimatrecht ist im Himmel. Das griechische Wort, *politeuma* (für »Heimat«) verweist auf die Stadtgemeinde in Philippi, die ja eine römische Militärkolonie war. Die christliche Gemeinde spiegelt die himmlische Gemeinschaft wider. In ihr wird etwas sichtbar von dem, was

Phil 3,20 Gott uns verheißen hat. Die Bibel spricht ja immer wieder vom himmlischen Jerusalem als dem Ziel unseres Lebens. Sie hat das ewige Leben im Bild einer Stadt gesehen, in der man sich zu Hause fühlt, geborgen und geschützt. Bewohner Jerusalems zu sein, das war für die Juden eine besondere Ehre. Für die Christen ist es eine Ehre, zum himmlischen Jerusalem zu gehören.

Aber Paulus meint mit seinem Bild von der »Heimat im Himmel« noch etwas anderes. Die Christen sind jetzt schon – mitten in ihrem *irdischen* Dasein – daheim im *Himmel*. Sie haben dort ihre wahre Heimat. Himmel, das ist für Paulus, die himmlische Welt, die Welt Gottes und seiner Engel. Wir haben schon hier, in der Fremde, teil an dieser himmlischen Heimat. Unsere Geborgenheit erfahren wir nicht allein in der Beziehung zu Freunden oder in der Gemeinschaft von Gleichgesinnten. Wir haben unseren Grund in Gott. Wir haben unsere Existenz auf Gott gebaut. Mitten in der Welt sind wir Menschen der Erde und zugleich Menschen des Himmels. Wir haben einen doppelten Ursprung, eine doppelte Zugehörigkeit. Unsere tiefste Identität, unsere Heimat, finden wir bei Gott.

Der Himmel als unsere wahre Heimat ist jetzt schon unter uns, wenn Christus, der in den Himmel aufgestiegen ist, in unserem Herzen wohnt. Christus thront jetzt im Himmel und als solcher ist er unser Herr. Und er ist unser Retter, unser Heiland, der unsere Wunden heilt, der uns befreit von inneren Abhängigkeiten, der uns errettet aus der Macht feindlicher Menschen und Mächte. Aber der Himmel ist auch eine zukünftige Größe. Vom Himmel her erwarten wir den Heiland, den Retter, den Erlöser Jesus Christus, unseren Herrn. Dieser Jesus Christus wird kommen, um uns für immer in die ewige Heimat aufzunehmen. PHIL 3,20

Viele tun sich heute schwer, sich die Wiederkunft Christi vorzustellen. Sie können das Ende der Welt nicht mit ihrem naturwissenschaftlichen Wissen in Einklang bringen. Ich verstehe das Ende der Welt und die Wiederkunft Christi so: In meinem Tod kommt meine Welt an ein Ende. Und dort kommt Christus zu mir, um mich in die Wohnung zu führen, die er mir bereitet hat. Wenn Christus im Tod endgültig und für immer zu mir kommt, dann wird der Himmel zu meiner ewigen Heimat, dann bin ich für immer daheim bei Gott, dann bin ich im Himmel.

Zehn Jahre lang bin ich mit Jugendlichen eine Woche lang durch den Steigerwald gewandert. Jeden Tag sind wir eine Stunde lang schweigend durch den Wald gegangen. Dabei habe ich den jungen Menschen oft dieses Wort aus dem Philipperbrief als Begleitwort gegeben. Sie sollten wandern mit der Vorstellung: Meine Heimat ist im Himmel.

Ich berühre mit jedem Schritt die Erde, löse mich aber immer wieder von ihr. Im Gehen kann mir bewusst werden, dass ich auf eine ewige Heimat zu wandere.

PHIL 3,20 Oder wie es *Novalis* in seinem Roman »Heinrich von Ofterdingen« so wunderschön formuliert hat: »Wohin denn gehen wir? – Immer nach Hause.« Wir haben hier keine bleibende Stadt. Wir sind immer unterwegs zu einer ewigen Heimat, in der wir für immer zu Hause sein werden, angenommen, geborgen, getragen, am Ziel unserer Sehnsucht.

30. PHIL 3,21

Er wird den Leib unserer Niedrigkeit umwandeln, dass er dem Leib seiner Herrlichkeit gleichgestaltet ist, in der Kraft, mit der er sich alles zu unterwerfen vermag.

Wenn Jesus als der wahre Heiland der Welt »vom Himmel her« kommt, wird er unseren Leib der Niedrigkeit verwandeln. Paulus meint dabei nicht nur unseren Körper, sondern unsere ganze menschliche Existenz, die hinfällig und vergänglich ist, der Krankheit und dem Tod unterworfen. Unsere hinfällige Existenz wird Christus verwandeln und seiner himmlischen Existenz, seinem Leib der Herrlichkeit, gleichgestalten. In den beiden Begriffen »verwandeln« und »gleichgestaltet, gleichförmig« greift Paulus griechische Vorstellungen auf.

Der Dichter *Ovid* hat ja ein eigenes Buch über »Verwandlungen«, *Metamorphosen,* geschrieben. Die Griechen sprachen immer wieder von der Verwandlung der Götter in Menschengestalt und erhofften sich für ihre menschliche Gestalt eine Verwandlung in die göttliche Schönheit. Das, was die Griechen ersehnten, geht für Paulus in Jesus Christus in Erfüllung. Er ist der Herr. Er hat die Kraft, die Energie, unsere irdische Existenz und unseren vergänglichen Leib zu verwandeln, damit die göttliche Schönheit und Unvergänglichkeit darin aufleuchten. Wenn er uns verwandelt, werden wir ihm ähnlich sein. Wir werden teilhaben an seiner ewigen Herrlichkeit. Nichts in uns wird mehr getrübt sein durch die Kränkungen und Verletzungen, die wir im Laufe unseres Lebens erhalten haben. Alles wird im Licht sein und vom Licht erleuchtet. Phil 3,21

Für Paulus ist es wichtig, dass wir die Spannung aushalten. Wir sind hier und jetzt schon in Jesus Christus – wir dürfen sein göttliches Leben in uns spüren. Aber wir sind noch nicht am Ziel – unser Leib wird erst vollständig verwandelt, wenn Christus im Tod kommt, um mit seiner Macht das Hinfällige umzuwandeln in die himmlische Gestalt, die seiner eigenen göttlichen Gestalt gleicht. Etwas von dieser endgültigen Herrlichkeit leuchtet in uns auf, wenn wir im Gebet eins werden mit Christus. Da gibt es Momente, in denen alles in uns Licht ist.

Die frühen Christen sprechen von *photismos,* von

PHIL 3,21 »Erleuchtung«. Erleuchtung ist das Ziel jedes geistlichen Lebens. Aber die Erleuchtung, die wir hier erfahren, ist immer nur für einen Augenblick. Dann wandeln wir wieder im Dunkeln, fern von Gott, fern vom Herrn, wie Paulus es ausdrückt. Diese Spannung wird erst aufgehoben, wenn Christus kommt, um unsern Leib seinem himmlischen Leib gleich zu gestalten.

Was Paulus uns vor Augen führt, ist ein faszinierendes Bild unserer ewigen Vollendung. Was erwartest du, wenn du an deinen Tod denkst? Macht es dir Angst? Oder kannst du der Verheißung vertrauen, dass all die Schönheit, die manchmal in dir jetzt schon aufleuchtet, zur Vollendung kommt und dass deine tiefste Sehnsucht erfüllt wird, die Sehnsucht nach einem himmlischen Leib, der nicht mehr der Vergänglichkeit unterworfen ist, der nicht mehr krank wird, der unverletzbar und unzerstörbar ist?

31. Phil 4,1

Darum, meine geliebten Brüder und Schwestern, nach denen ich mich sehne, meine Freude und meine Krone, so steht fest im Herrn, ihr Lieben.

In diesem einen Vers wird die innige Verbindung zwischen Paulus und der Gemeinde in Philippi sichtbar. Paulus nennt die Philipper seine »geliebten Brüder und Schwestern«, seine »Freude und Krone«. Und er beschließt den Satz nochmals mit dem Hinweis, dass er sie liebt. Im Gefängnis sitzend tröstet ihn der Gedanke an die Brüder und Schwestern in Philippi. Er fühlt sich mit ihnen verbunden. So sitzt er nicht allein im Gefängnis, sondern trägt die vielen im Herzen, die durch ihn zum Glauben gekommen sind und jetzt mit ihm im Glauben an den einen Herrn Jesus Christus verbunden sind.

Die Mahnung, die Paulus an die Philipper richtet, ist kurz und doch in ihrer Kürze kaum auslotbar: »Steht fest im Herrn!« Manche Ausleger denken daran, dass die Philipper am Glauben festhalten sollten, dass sie in der Lehre bleiben sollen, die Paulus ihnen verkündet hat, anstatt den falschen Lehrern nachzulaufen. Sie sollen nicht abrücken von der Botschaft, die sie empfangen haben. Doch eine solche Mahnung führt eher zu einem ängstlichen Sich-Klammern an der Lehre.

Für mich steckt in diesem Wort noch etwas ande-

PHIL 4,1 res. Jeder Mensch sehnt sich danach, einen festen Stand zu haben, Stehvermögen zu zeigen, wenn uns der Wind entgegenbläst. Paulus ist offensichtlich der Meinung, dass der, der in Christus ist, einen festen Stand hat. Er steht nicht nur auf seinen beiden Beinen. Er steht in einer größeren Wirklichkeit. Er bezieht sein Stehvermögen aus dem Sein in Christus.

Jesus Christus ist auferstanden von den Toten. Wer in Christus steht, hat keine Angst vor dem Fallen. Selbst das Fallen in den Tod wird ihn nicht aus der Gemeinschaft mit Christus reißen. Er kann aller Krankheit, aller Schwäche, allem Sterben zum Trotz in Christus feststehen. Niemand wird ihm diesen Stand streitig machen oder ihn zu Fall bringen. Selbst wenn er sündigt, wird er nicht aus Christus fallen.

Versuche, dich einmal gut hinzustellen. Wenn du zu eng stehst, wirst du leicht wanken. Du brauchst deine Körperbreite, um gut dazustehen. Stell dir vor, dass du nicht nur auf der Erde, sondern in Christus fest stehst. Das gibt deinem Stehen eine andere Qualität. Vielleicht spürst du ein neues Selbstvertrauen, eine innere Freiheit. Du musst nicht ängstlich auf deinem Standpunkt beharren. Du brauchst keine Angst zu haben, von der Last des Lebens niedergedrückt zu werden. Deinen Stand in Jesus Christus kann dir niemand nehmen. Es ist nicht deine eigene Stärke, an der du dich festklammern musst, sondern die Wirklichkeit Jesu Christi, die dir sicheren Stand verleiht.

32. Phil 4,2–3

Evodia ermahne ich, und Syntyche ermahne ich, eines Sinnes zu sein im Herrn. Ja, ich bitte auch dich, treuer Gefährte, nimm dich ihrer an. Sie haben ja mit mir im Kampf für das Evangelium gestanden, zusammen mit Klemens und meinen übrigen Mitarbeitern, deren Namen im Buch des Lebens stehen.

Paulus wendet sich an zwei Frauen, die sich in der Gemeinde verdient gemacht haben, sich aber offensichtlich entzweit haben. Was der Grund ihrer Differenzen ist, wissen wir nicht. Aber offensichtlich hat ihr Zwist die ganze Gemeinde belastet. So bittet Paulus die beiden, ihre persönlichen Streitigkeiten zu lassen; denn sie gefährden die Einheit der Gemeinde. Aber er belässt es nicht bei einer Mahnung. Er bittet einen treuen Gefährten, dass er sich ihrer annehmen solle. Er solle zwischen ihnen vermitteln, mit ihnen sprechen.

Paulus hebt die Bedeutung dieser beiden Frauen bei der Gemeindebildung hervor. Die Frauen haben einen hohen Wert für die Gemeinde. Sie haben sich verdient gemacht. Sie haben gemeinsam mit Paulus den Kampf für das Evangelium bestanden. Daher wäre es jammerschade, wenn sie in ihren persönlichen Differenzen blieben. Es würde der ganzen Gemeinde schaden. Paulus moralisiert hier nicht. Er bietet eine Hilfe an, wie der

Phil 4,2–3 Zwist behoben werden kann. Es braucht einen Dritten, der unparteiisch mit den beiden spricht und versucht, die unterschiedlichen Meinungen oder die persönlichen Verletzungen auszuräumen und Versöhnung zu stiften.

Paulus nennt auch noch Klemens, einen anderen Mann aus der Gemeinde, der gemeinsam mit Syntyche und Evodia mit ihm für das Evangelium gekämpft hat. Und er erinnert an die vielen anderen Mitstreiter. Von ihnen allen sagt er, dass ihre Namen »im Buch des Lebens« stehen. Dieses Bild aus dem Alten Testament besagt, dass all diese Mitstreiter und die beiden Frauen, die sich nun persönlich entzweit haben, gerettet werden. Sie werden der äußeren Drangsal nicht erliegen.

Es ist tröstlich zu sehen, dass schon die frühen Gemeinden mit persönlichen Reibereien und Zwistigkeiten zu kämpfen hatten. Auch der erste Schwung der Bekehrung hat die persönlichen Differenzen nicht einfach weggewischt. Gemeinschaft verlangt immer wieder, Konflikte anzusprechen, die sich ergeben, weil die Gemeinde aus unterschiedlichen Menschen mit ihrer je eigenen Lebensgeschichte besteht. Das gilt für die Familie genauso wie für eine christliche Gemeinschaft oder für die Gemeinde.

Dass Menschen unter dem Zeichen des Glaubens zusammenkommen, hebt nicht ihre persönlichen Streitigkeiten auf. Es braucht menschliche Hilfe, um die entzweiten Menschen wieder miteinander zu versöhnen.

Diese Hilfe darf nicht mit einem moralisierenden Zeigefinger angeboten werden, sondern vielmehr aus Wertschätzung jedes Einzelnen. Es geht nicht darum, den entzweiten Parteien Schuld zuzuschieben, sondern um ein klärendes Gespräch und um die Hilfe, bei allen Differenzen auch das Gemeinsame zu entdecken, das alle miteinander verbindet und das stärker ist als das Trennende.

33. PHIL 4,4–5

Freut euch im Herrn allezeit. Noch einmal will ich es sagen: freut euch. Euer gütiges Wesen sollen alle Menschen erfahren. Der Herr ist nahe.

Die Freude ist im Philipperbrief schon öfter angeklungen. Jetzt macht Paulus sie zum zentralen Thema. Zweimal fordert er die Philipper auf, sich zu freuen. Doch wie soll man sich auf Befehl freuen können? Freuen ist ein Gefühl. Es stellt sich nicht einfach durch einen Befehl von außen ein.

Paulus ist sicher nicht so naiv, dass er meint, er könne den Philippern Freude befehlen. Doch er möchte, dass seine Glaubensgenossen ihren Blick nicht auf die Probleme untereinander richten, sondern auf den

Grund ihres Glaubens, auf Jesus Christus. Und dieser Glaubensgrund soll Ursache ihrer Freude sein. Sie sollen sich im Herrn freuen.

Aber auch da kann man sich fragen: Geht das so einfach? In jedem von uns sind immer verschiedene Gefühle: Trauer und Freude, Angst und Vertrauen, Hoffnung und Verzweiflung. Wer sich vergewissert, dass er in Christus ist und dass Christus in ihm ist, der kommt in Berührung mit der Freude, die auf dem Grund seiner Seele in ihm bereit liegt. Hinter dem Wort des Paulus steht daher ein ganz bestimmtes Christus-Bild. Es ist nicht das Bild des strengen Richters. Dieses Bild würde eher Angst in uns hervorrufen. Vielmehr ist es das Bild des Heilands, der unsere Wunden heilt, des Retters, der uns befreit von allen Ängsten und Selbstzweifeln. Paulus hat die faszinierende Erfahrung Jesu im Sinn, die sein Leben verändert und ihn mit einer tiefen Freude erfüllt hat. An diesen Jesus will er die Philipper erinnern. Dann werden sie in Berührung kommen mit der Freude. Und sie wird stärker sein als alle Sorge um die zwischenmenschlichen Probleme.

Der Apostel begnügt sich nicht, die Philipper zur Freude aufzurufen. Die Freude soll sich ausdrücken in einem neuen Verhalten und in einer gütigen und angenehmen, in einer gewinnenden und faszinierenden Ausstrahlung auf die Umgebung. Der Grund dieser Ausstrahlung ist wieder die Nähe des Herrn. Es geht darum, dass die Christen für Christus durchlässig werden. Dann strahlen sie etwas von der Freude aus, die in Jesus Christus ist, und von der Güte, die seinen Weg prägt. Weil Christus nahe ist, weil ich in seiner Nähe und aus seiner Nähe lebe, verändert sich meine Ausstrahlung nach außen. Wenn Christus in mich eindringt, dann bringt er mich in Berührung mit der inneren Freude und mit der Güte, zu der mein Herz fähig ist.

Beobachte dich einmal, welche Ausstrahlung du hast. Du kannst deine Ausstrahlung nicht einfach mit dem Willen von einem Augenblick auf den andern ändern. Aber du kannst dir bewusst machen, von welchen Gefühlen du dich bestimmen lässt, ob du dem Ärger, der Unzufriedenheit, dem Groll und der Bitterkeit großen Raum in dir gewährst oder ob du der Freude und der Güte die Möglichkeit gibst, sich in dir auszubreiten und durch dich in die Umgebung auszustrahlen. Horche in dich hinein und trau deiner Sehnsucht nach Freude und Güte. Dann wirst du sie auch in dir entdecken. Und trau deiner Sehnsucht, dass du in dir nicht nur auf deine Gefühle stößt, sondern letztlich auf Christus, der in deinem Herzen wohnt.

34. Phil 4,6–7

Um nichts macht euch Sorgen, lasst vielmehr in jeder Lage euere Anliegen durch Bitten und Flehen mit Danksagung vor Gott kund werden. Dann wird der Friede Gottes, der alles Begreifen übersteigt, eure Herzen und eure Gedanken in Christus Jesus bewahren.

Die Römer definierten den Menschen als jemanden, der von Sorgen geplagt wird. Die Griechen sprechen von den quälenden und plagenden Sorgen, denen der Mensch unterworfen ist. Sorge hat immer mit Angst vor dem drohenden Leid zu tun. Paulus fordert die Philipper auf, sich um nichts Sorgen zu machen. Statt sich in der Sorge um das eigene Dasein zu ängstigen, sollen sie ihr Vertrauen ins Gebet setzen. Sie sollen ihre Anliegen und Sorgen im Gebet Gott hinhalten. Das Gebet darf ein bittendes Flehen sein, aber es soll auch von Danksagung geprägt sein. Ich soll nicht stecken bleiben im Bitten, sondern während ich Gott bitte, mir meine Herzensanliegen zu erfüllen, soll ich zugleich danken für Gottes Güte und Barmherzigkeit. Im Danken vertraue ich darauf, dass Gott an mir handeln wird und dass er das Beste für mich will.

Wie bei der Freude belässt es Paulus nicht einfach beim Befehl, sich um nichts zu sorgen. Er zeigt auch einen Weg auf, wie wir frei werden können von der quälenden Sorge. Das bittende und dankende Beten ist der Ort, an dem unsere Sorgen einen Ausdruck finden und zugleich ihre ängstigende Macht über uns verlieren. »Wirf deine Sorgen auf den Herrn! Er hält dich aufrecht.« So sagt es der Psalm. Wenn ich meine Sorgen im Gebet vor Gott bringe, dann wandeln sie sich in Vertrauen. Und – so meint Paulus – durch das Gebet wird der Friede Gottes unser Herz und unsere Gedanken behüten. Der Apostel spricht von einem Frieden, der alles Denken übersteigt. In diesem Frieden ist Gott selbst am Werk. Und Gottes Friede ist größer, als wir ihn uns vorstellen können. Er erfüllt uns nicht nur, sondern er bewacht unser Herz und unsere Gedanken, damit die Sorgen nicht mehr eindringen können.

Es ist ein schönes Bild, das Paulus hier benutzt. Der Friede ist wie eine Tür, die unser Herz bewacht. Gottes Gedanken dürfen eintreten. Aber quälende Sorgen, Traurigkeit, Bitterkeit und Groll werden durch diese Tür abgehalten, in unser Herz zu dringen.

Worum machst du dir Sorgen? Warum sorgst du dich um deine Gesundheit, um deine Familie, um deine Zukunft? Welche Vorstellungen vom Leben stecken hinter deinen Sorgen? Versuche, deine Sorgen und alles, was dich beschäftigt, im Gebet Gott hinzuhalten. Bitte Gott, dass er an dir handelt und dir das schenkt, wonach dein Herz sich sehnt. Aber versuche, nicht nur zu bitten, sondern auch zu danken. Wofür möchtest du Gott danken?

PHIL 4,6–7 Ich wünsche dir, dass du im Gebet einen Frieden in dir spürst, der dein Begreifen übersteigt, dass du auf dem Grund deiner Seele den Frieden Gottes erfährst, der alle Angst in dir beruhigt und alle Sorgen entmachtet. Und ich wünsche dir, dass dieser Friede dich beschützt vor dem Unfrieden um dich herum, vor der Unzufriedenheit der Menschen, vor ihrer inneren Zerrissenheit und vor den kränkenden Worten, die dich von außen treffen möchten.

35. PHIL 4,8–9

Schließlich, Brüder und Schwestern, auf alles, was wahr ist, was würdig, was gerecht, was rein, was liebenswürdig, was dem guten Ruf dient, was es überhaupt an Tugend und Lobenswertem gibt, darauf richtet eueren Sinn. Was ihr gelernt und empfangen, gehört und gesehen habt bei mir, das tut, und der Gott des Friedens wird mit euch sein.

Zur Zeit des Paulus war die herrschende Philosophie in Griechenland und im ganzen Römischen Reich die so genannte *Stoa*. (Der Name *Stoa* leitet sich her von der »Halle« in Athen, in der sich die Anhänger dieser Philosophie anfangs trafen.) Der stoischen Philosophie ging es vor allem um die rechte Art zu leben, um eine gesunde Lebenskunst. Sie kannte so genannte Tugendkataloge: In ihnen wurden Tugenden aufgezählt, die der Mensch verwirklichen sollte. Das deutsche Wort Tugend kommt von »taugen«. Die Tugenden sind Voraussetzung, dass das Leben gelingt. Paulus greift auf stoische Tugendkataloge zurück: Die Christen sollen sich mit den besten Vertretern der griechischen Philosophie in ihrer Lebensweise messen. Sie sollen das Menschsein, wie es die Philosophie beschreibt, verwirklichen. Dem Guten, das sie in ihrer Umwelt sehen, sollen Christen in keiner Weise nachstehen, sondern sollen es eher übertreffen.

Paulus zählt auf, welche Tugenden Christen leben sollen. Sie sollen das Wahre leben, anstatt den Scheinwerten der Gesellschaft und ihren Illusionen nachzulaufen. Sie sollen das sittliche Gute verwirklichen, das, was sich ziemt, was ehrbar ist. Gerechtigkeit ist die zentrale Tugend. Sie meint, dass ich mir selbst und meinem Wesen gerecht werde, aber auch den Menschen in ihrer jeweiligen Eigenheit. Und Christen sollen innere Lauterkeit und Reinheit in ihrem Leben widerspiegeln. Dabei sollen sie nicht Härte ausstrahlen, sondern Liebenswürdigkeit. Sie sollen sich durch ihre Lebensweise bei den Menschen beliebt machen und jene Tugenden, die sie in ihrer Umwelt vorfinden, selbst verwirklichen. Dann werden die Menschen ihrer Umgebung spüren, dass die Christen nicht eine obskure Sekte sind, sondern durch ihr Leben wahre Menschlichkeit verwirklichen.

Phil 4,8–9 Paulus verweist die Christen in Philippi auf die Werte griechischer Philosophie, und er fordert sie auf, das zu verwirklichen, was sie bei ihm gesehen und gehört haben. Es geht nicht nur um die Lehre, die Paulus vorgetragen hat, sondern auch um sein Beispiel, das er ihnen durch sein Leben gegeben hat. Er hat offensichtlich selbst all die menschlichen Tugenden verwirklicht und darüber hinaus den Geist Jesu durch sein Verhalten ausgestrahlt. Die Tugenden sollen vom Geist Jesu erfüllt werden. Dann strahlen sie die Menschlichkeit aus, die in Jesus Christus auf einmalige Weise in dieser Welt aufgeleuchtet ist.

Welche Tugenden sind dir wichtig geworden, damit dein Leben gelingt? Welche Menschen in deiner Umgebung sind für dich ein Vorbild an Tugend und wie empfindest du dich selbst im Vergleich mit ihnen? Wie weit hat dein christlicher Glaube deine Menschlichkeit vertieft? Oder weichst du im Glauben nur den Forderungen echter Menschlichkeit aus?

Ich habe mich im Herrn besonders gefreut, dass ihr endlich einmal wieder euere Fürsorge für mich entfalten konntet. Ihr wart zwar immer liebend um mich besorgt, aber es fehlte euch die Gelegenheit. Nicht als wollte ich über Mangel klagen; ich habe nämlich gelernt, mich mit meiner Lage abzufinden. Ich weiß arm zu sein, und ich weiß reich zu sein.

Paulus bedankt sich bei den Philippern für die Spende, die sie ihm überreicht haben. Sie hat eine große Freude bei ihm ausgelöst. Dabei geht es ihm weniger um das Geld, sondern mehr um ihre Fürsorge. Er spürt, dass sie an ihn denken und liebend um ihn besorgt sind. Sie hatten nur bisher keine Gelegenheit, ihm ihre Fürsorge auch tatkräftig zu zeigen. Mit ihrer Spende haben sie es getan.

Nach dem Dank kommt Paulus auf sich selbst und seinen Umgang mit Not zu sprechen. Er beklagt sich nicht über den Mangel. Er verlangt keine Spende von den Philippern. Denn er hat es gelernt, sich auf jede Situation einzulassen. Er benutzt hier ein Wort, das der stoischen Philosophie sehr wichtig war: er hat gelernt, »autark« zu sein. *Autarkie* (auf deutsch: »Selbstherrschaft«) bedeutete in der stoischen Philosophie, dass der Mensch unabhängig ist von den äußeren Umständen, also von Armut und Reichtum, Gesundheit und Krankheit. Der autarke Mensch ist der, der sich selbst genügt, der nicht abhängig ist von Lob und Tadel seiner Umgebung. Er herrscht über sich selbst. Und er ist innerlich frei. Ganz gleich wie die äußeren Bedingungen sind, er ist bei sich. Er ruht in sich. Er ist innerlich zufrieden.

Paulus zeigt am eigenen Beispiel, dass er als Mensch die stoischen Werte verwirklicht. Autarkie ist dabei mehr als Askese. Der Asket verzichtet auf jeden Luxus. Paulus jedoch kann sowohl arm als auch reich sein. Er kann die Armut annehmen und den Reichtum genießen. Er ist dankbar, wenn er nichts hat, und er dankt für die Gaben, die er bekommt. Auf diese Weise ist er nicht abhängig von den äußeren Umständen. Er hat seinen Grund in sich selbst. Jedoch: Für Paulus ist sein tiefster, sein eigentlicher Grund nicht das eigene Selbst, nicht seine menschliche Reife, die er wie die griechischen Philosophen durch die Beschäftigung mit den wichtigsten Lebensfragen erlangt hat, sondern Christus. Der Apostel ist innerlich frei, weil er in Christus seinen verlässlichen Grund hat. Christus befreit ihn von der Abhängigkeit von Menschen, vom Schicksal, von Gesundheit oder Krankheit, von Leben oder Tod.

Es gibt Menschen, die sich nicht beschenken lassen. Sie haben Angst, sie könnten damit ihre Unabhängigkeit verlieren. Doch wer sich nicht beschenken lässt, der kann keine wirkliche Beziehung eingehen. Du tust dich schwer mit einem Freund oder einer Freundin, der du nichts schenken kannst. Alles, was du ihr oder ihm schenkt, gibt er dir zurück mit der Bemerkung, er brauche nichts, er habe genug. Wie reagierst du, wenn du etwas geschenkt bekommst? Kannst du dich ehrlich freuen und deiner Freude auch Ausdruck geben?

Wenn du über die Autarkie des heiligen Paulus nachdenkst, welche Abhängigkeiten fallen dir dann ein? Bist du abhängig von Lob und Tadel, von Bestätigung und Zuwendung, von Erfolg und gutem Ruf, von gutem Essen und Trinken, von den Dingen, die du besitzt? Wie reagierst du, wenn deine eigenen Erwartungen nicht erfüllt werden, wenn du enttäuscht wirst von Menschen, von dir selbst? Wenn Christus dein tiefster Grund ist, dann lösen sich die Abhängigkeiten, und du ahnst die innere Freiheit, die Paulus in seinen Worten aus dem Gefängnis widerspiegelt.

In alles und jedes bin ich eingeweiht, ins Sattsein und Hungerleiden, ins Reichsein und Mangelhaben. Alles vermag ich durch den, der mich stärkt. Dennoch habt ihr gut daran getan, dass ihr an meiner Bedrängnis Anteil genommen habt.

Paulus spricht hier in der Sprache der Mysterienkulte, die damals weit verbreitet waren. In den Mysterienkulten wurde man »eingeweiht« in das Schicksal der Gottheit und hatte teil an ihm. Paulus sagt von sich, dass er in alles und jedes eingeweiht ist. Indem er Christus kennen gelernt hat, ist er in alle Geheimnisse des Menschseins eingeweiht worden. Christus befähigt ihn, in allem innerlich frei und autark zu sein. Durch ihn ist er eingeweiht ins Sattsein und Hungerleiden, ins Reichsein und Mangelhaben. Von Jesus heißt es im 2. Korintherbrief: »Obschon er reich war, ist er euretwegen arm geworden, damit ihr durch seine Armut reich würdet« (2 Korinther 8,9). Jesus kannte beides: die Armut und den Reichtum. Er hat mit den Sündern gegessen und getrunken, sodass sich die Pharisäer aufregten und ihn »Fresser und Weinsäufer« nannten.

Paulus fasst den Grund seiner Autarkie zusammen in dem Wort, das schon vielen Christen Trost in ihrer Not und Stärkung in ihrer Schwäche war: »Alles vermag ich in dem, der mich stärkt.« Christus gibt dem Paulus die Kraft, die nötige Distanz von seinen äußeren Lebensverhältnissen zu finden. Doch dieser Satz bedeutet mehr. Gerade dort, wo wir an unsere Grenzen kommen, können wir auf eine andere Kraft vertrauen, auf die Kraft, die uns von Christus zukommt. Viele Christen hatten diesen Satz auf den Lippen, wenn sie vor schwierigen und scheinbar unlösbaren Aufgaben standen. Wenn sie Angst hatten, dass ihnen bei ihrem Vorhaben der Tod drohen könnte, haben sie sich dieses Wort des Apostels vorgesagt. Sie haben ihre Angst überwunden und das getan, was sie von Gott her als ihren Auftrag erkannt haben. PHIL 4, 12b–14

Paulus ist überzeugt, dass ihm Christus die Kraft gibt, all das zu bestehen, was ihm bei seinem Verkündigungswerk an Gefährlichem widerfuhr. Dennoch ist es für ihn auch ein großer Trost, dass Menschen an ihn denken. So lobt er die Philipper, dass sie ihm in seiner Bedrängnis beigestanden haben.

Versuche, den Tag heute mit dem Satz zu beginnen: »Alles vermag ich in dem, der mich stärkt.« Und sage dir den Satz vor, wenn du zur Arbeit gehst, wenn du eine schwierige Besprechung beginnst, wenn du einen Besuch bei einem Menschen machst, mit dem du etwas klären willst. Wenn dir etwas Angst macht, wenn du das Gefühl hast, diese oder jene Aufgabe raube dir viel Energie, dann halte dir dieses Wort vor Augen. Du wirst erfahren, dass das Wort dich mit der Kraft Jesu Christi in Berührung bringt. Sie ist stärker als deine eigene Willenskraft. Willenskraft ist anstrengend: Du musst dich zusammennehmen, damit du mit all deinen Kräften ans Werk gehst. Wenn du aus der Kraft Christi wirkst, wirst du leichter und mit weniger Anstrengung deine Aufgaben erfüllen.

38. Phil 4,15–17

Ihr wisst ja selbst, liebe Philipper, dass im Anfang der Verkündigung, damals, als ich von Mazedonien aufbrach, keine Gemeinde auf Geben und Nehmen mit mir stand als ihr allein. Ihr habt mir nämlich schon nach Thessalonich das eine und andere Mal etwas zu meiner Unterstützung gesandt. Nicht als ob ich die Gabe suchte, sondern ich suche den Gewinn, der euch daraus gutgeschrieben wird.

Normalerweise hat Paulus sich seinen Lebensunterhalt durch eigener Hände Arbeit verdient. Er war Zeltmacher. Und immer wenn er länger in einer Stadt weilte, hat er diesen Beruf ausgeübt. In Philippi hat er eine Ausnahme gemacht. Von ihnen hat er sich seine Arbeit bezahlen lassen. Er spricht sie liebevoll an und erinnert sie an die Unterstützung, die sie ihm in Thessalonich gewährt haben. PHIL 4,15–17

Paulus bringt hier lauter Worte aus der Geschäftswelt. Er spricht von Geben und Nehmen, von der Buchführung, die in Soll und Haben bucht, von der Einforderung der Zinszahlung und so fort. Doch diese geschäftlichen Ausdrücke benutzt er nur, um auf sein eigentliches Ziel zu verweisen. Es geht ihm nicht um Zahlungen und Zinsen und Gutschriften, sondern um den geistlichen Gewinn. Indem die Philipper ihr Geld sammeln, um Paulus zu unterstützen, sind sie selbst die Beschenkten. Sie wachsen im gemeinsamen Geben zusammen. Sie werden frei von der Bindung an den Besitz. Und sie können damit ihre Liebe ausdrücken. Ihr Miteinander bringt Frucht: Von dieser Frucht kann Paulus leben, und von dieser Frucht geht Segen auf die Missionierung aus. Die Philipper tragen dazu bei, dass in der ganzen Welt das Evangelium verkündet wird.

Vielleicht kennst du die Erfahrung, dass das Geben dich selbst beschenkt. Je großzügiger du andern gegenüber bist, desto mehr gelingt dir dein Leben. Und du bekommst genügend zurück, sodass dein Geben dich nicht ärmer macht, weder materiell noch geistig. Geben und Nehmen sind zwei Grundakte unserer Menschwerdung. Du kannst nur geben, weil du zuvor genommen hast. Du kannst andere lieben, weil du zuvor die Liebe der Eltern genommen hast. Du kannst deine Zeit

PHIL 4,15–17 andern nur schenken, weil du sie von Gott bekommen hast.

Wer nur nimmt, der bläht sich immer mehr auf und sein Leben wird unfruchtbar. Wer nur gibt, ist schnell verausgabt. Manche geben, weil sie viel Zuwendung und Bestätigung brauchen. Dann fühlen sie sich aber bald erschöpft. Sie bekommen nie soviel, wie sie brauchen. Ich kann nur geben, weil ich immer wieder nehme.

Ich darf mir die Liebe Jesu Christi nehmen. Ich nehme mir die Zeit, allein für mich zu sein, allein mit Christus zu sein. Weil ich mir die Zeit nehme, kann ich sie auch andern schenken. Weil ich mir immer wieder die Liebe nehme, die mir von Gott zufließt, kann ich geben, ohne erschöpft zu werden. Denn die Quelle der Liebe, aus der ich schöpfe, ist unerschöpflich. Sie ist göttlich.

Wie ist es mit deinem Geben und Nehmen? Nimmst du nur, ohne zu geben? Oder gibst du viel, weil du viel brauchst? Oder ist das Nehmen und Geben bei dir im Gleichgewicht? Achte auf deine Gefühle! Immer wenn du dich verausgabst fühlst, hast du zu wenig genommen. Immer wenn du dich ausgenutzt fühlst, wenn du bitter und hart wirst, ist es ein Alarmzeichen, dass du dir selber wieder Zeit und Liebe nehmen musst, damit dein Leben ins Gleichgewicht kommt.

39. Phil 4,18–20

Ich habe alles empfangen und habe übergenug; ich lebe in Fülle, seitdem ich von Epaphroditus eure Spende erhalten habe, einen süßen Wohlgeruch, eine angenehme Opfergabe, wohlgefällig vor Gott. Mein Gott aber wird all euren Bedarf nach seinem Reichtum mit Herrlichkeit erfüllen in Christus Jesus. Unserem Gott und Vater aber sei die Ehre von Ewigkeit zu Ewigkeit! Amen.

Paulus verknüpft die geschäftliche Sprache mit der liturgischen Sprache. Auf der einen Seite quittiert er schriftlich den Empfang der Geldspende. Das ist reine Geschäftssprache. Doch zugleich nennt er die Spende »einen süßen Wohlgeruch, eine angenehme Opfergabe, wohlgefällig vor Gott«. Wohlgeruch bezieht sich vermutlich auf das Rauchopfer, das man im Alten Testament Gott darbrachte. Die Spende der Philipper ist eine Opfergabe, so wie die Israeliten im Tempel ihre Opfer brachten, damit die Priester sie Gott übergaben. Beides ist Gott wohlgefällig.

Man kann die Opfersprache aber auch als Bild für die Gesinnung der Philipper nehmen. Wir sagen von einem Menschen, dass er einen angenehmen Geschmack hat. Man spricht gerne mit ihm. Gespräche mit manchen Menschen dagegen haben oft einen faden oder bitteren Beigeschmack. *Augustinus* meint, dass nur das Heilige einen guten Geruch hat, während der Teufel einen üblen Geruch verbreitet. Es gibt Gaben, die eher unangenehm aufstoßen. Man fühlt sich durch die Gabe beschämt oder verachtet. Die Gabe, die die Philipper Paulus durch Epaphroditus überbrachten, hat bei ihm einen angenehmen Geschmack, einen süßen Wohlgeruch hinterlassen. Und ihre Gabe war eine Opfergabe: Sie haben nicht von ihrem Überfluss gegeben, sondern etwas geopfert. Es war für sie spürbar, etwas von dem zu geben, was sie selbst für ihren Lebensunterhalt brauchten.

Paulus lobt die Philipper wegen ihrer Gabe. Und er lohnt es ihnen mit einem Gebet. Sein Gebet ist mehr als Bitte. Es ist Zuspruch und Lobpreis zugleich. Gott wird ihre Not, die sie leiden – sei es materielle Not, sei es geistige Not – nach dem Reichtum seiner großen Gnade mit der Herrlichkeit erfüllen, die in Jesus Christus ist. Gott lässt sie teilhaben an dieser Herrlichkeit. Das ist das größte Geschenk, das wir zu erhoffen wagen. Das griechische Wort für »Herrlichkeit«, *doxa*, heißt auch Gestalt oder Form. Indem uns Gott Anteil gibt an Jesus Christus, schenkt er uns den Glanz des göttlichen Lebens. Aber er führt uns auch in die einmalige Gestalt, die er jedem von uns zugedacht hat. Durch Jesus Christus finden wir unser wahres Selbst, unser einmaliges, unversehrtes, ursprüngliches und makelloses Bild, das Gott sich von uns gemacht hat.

Welchen Geschmack hinterlässt du mit deinen Worten, mit deiner Ausstrahlung? Welcher Geruch geht von dir aus? Wie fühlt sich der, dem du etwas schenkst? Fühlt er sich beschenkt, geehrt oder gedemütigt? Gottes Herrlichkeit, Gottes Glanz, der in Jesus Christus aufgeleuchtet ist, ist auch in dir. Gott möchte dich in deine einmalige Gestalt führen. Was könnte das einzigartige Bild sein, das Gott sich von dir gemacht hat?

40. Phil 4,21–23

Grüßt jeden Heiligen in Christus Jesus. Es grüßen euch die Brüder und Schwestern, die bei mir sind. Es grüßen euch alle Heiligen, besonders aber die vom kaiserlichen Hof. Die Gnade des Herrn Jesus Christus sei mit euerem Geist.

Paulus schließt den Brief mit den verschiedensten Grüßen. Zunächst grüßt er die »Heiligen in Christus Jesus«. Das sind die Brüder und Schwestern in Philippi. Dann richtet er die Grüße der Brüder und Schwestern aus, die bei ihm sind. Es sind seine Mitarbeiter und die Überbringer des Briefs. Und dann grüßen alle Heiligen in der Ortsgemeinde in Ephesus die Heiligen in Philippi. Besonders grüßen die vom kaiserlichen Hofe. Das sind nicht unbedingt kaiserliche Beamte. In jeder Hauptstadt gab es einen kaiserlichen Hof. Und alle kaiserlichen Bediensteten, vom höchsten Beamten bis zum letzten Sklaven, zählten zum kaiserlichen Hof. Offensichtlich gehörten einige von ihnen zur christlichen Gemeinde in Ephesus.

»Heilige« grüßen die »Heiligen«. Das zeigt, wie die Christen sich in einer ihnen feindlich gesinnten Welt zusammengehörig fühlten. Und es zeigt ihren Glauben, dass sie als Heilige der Welt und ihrer Macht entzogen sind und in den heiligen Raum Jesu Christi, in das Reich Gottes, hineingehoben wurden. So hat die Welt keine Macht mehr über sie. Heilig ist für Paulus nicht der perfekte und fehlerlose Mensch, sondern der Christ, der von Jesus Christus geheiligt ist, erfüllt von seinem heiligen und heilenden Geist.

Paulus schließt den Brief mit einem Schlusssegen. »Die Gnade des Herrn Jesus Christus sei mit eurem Geiste.« Er spricht ihnen Jesu Gnade und Zuwendung, Jesu Liebe und Freundlichkeit zu. Sie sei mit ihnen. Sie umgebe und umhülle sie. Die Gnade Jesu wird ihr Leben verwandeln. Sie werden nicht mehr von der Feindschaft der Menschen geprägt, sondern von der Liebe Jesu Christi. Sie ist der heilende Raum, in dem die Christen leben und von dem aus sie auch die Bedrängnisse von außen zu ertragen vermögen.

Mit dem Segenswunsch des Apostels begrüßt der Priester die Gemeinde, die sich zur Eucharistie versammelt. So wird in jeder Eucharistiefeier etwas von der Situation der frühen Christen erfahrbar. Auch wir versammeln uns in einer Welt, die sich wenig um das Christentum schert, die uns oft genug verachtet. Doch wir werden in der Eucharistiefeier umgeben von der zärtlichen Liebe Jesu Christi. Sie gibt unserer Versammlung ihr Gepräge. Sie ist wie ein Schutzraum, in dem wir uns geborgen und geliebt wissen.

Halte den Segen, den der Apostel dir zuspricht, in deinen Alltag, in deine Arbeit, in deine Beziehungen hinein. Stelle dir vor, dass in alle Bereiche deines Lebens die Gnade Jesu eindringt und dein Leben verwandelt. Du gehst nicht allein durch diese Welt, sondern umgeben von der Liebe Christi, durchdrungen von seinem Wohlwollen, geschützt von seiner Treue. Das war die befreiende und heilende Erfahrung der Philipper. Es kann auch zu deiner Erfahrung werden, die dich befähigt, mitten in einer feindlichen Welt in innerer Freiheit, vertrauensvoll und behütet, geliebt und erlöst zu leben.

THEMEN VON »BIBEL LEBEN« IN VORBEREITUNG

Altes Testament:
Schöpfungsgeschichte *(Herbst 2005)*
Noachs Arche
Abraham und Sara
Mose und der Exodus *(Frühjahr 2006)*
Der Prophet Elija
Der Prophet Jesaja
Der Prophet Jona
Psalmen
Buch der Sprichwörter
Ijob

Neues Testament:
Markusevangelium: Jesus und seine Botschaft *(Frühjahr 2006)*
Matthäusevangelium: Die Bergpredigt
Lukasevangelium: Die Gleichnisse
Johannesevangelium: Die Ich-bin-Worte Jesu
Paulus-Schule: Epheserbrief

Lieber Leser, liebe Leserin,

»bibel leben« – das ist der Name einer Folge von Büchern im Verlag Herder, deren Name zugleich Programm ist. Vierzig Leseimpulse mit Texten aus der Bibel, mit entsprechenden Erklärungen und Anregungen, die biblischen Aussagen in das eigene Leben zu übertragen. »bibel leben« ist die Einladung, sich mitten im Alltag eine Auszeit zu nehmen, um sich auf das zu besinnen, was wirklich wichtig ist – damit Neues werden kann.

Die Grundidee wird für alle Bücher, die mit »bibel leben« überschrieben sind, gleich bleiben. Und doch werden sie sehr verschieden sein: Dem einen Buch liegt ein Evangelium oder ein Apostelbrief aus dem Neuen Testament zugrunde, einem anderen eine wichtige Erzählung oder kleine Prophetenschrift aus dem Alten Testament. Dann mag eine biblische Gestalt wie der Prophet Elija im Mittelpunkt stehen – oder die Tiere in der Bibel sind der rote Faden. Jeder Verfasser, Mann oder Frau, Priester, Mönch oder Laie, hat seinen eigenen Stil, seinen je eigenen Zugang. Allen Büchern von »bibel leben« gemeinsam ist es, dass sie Lust machen wollen an der Bibel, dass sie zugleich Verständnishilfen wie auch Anregungen dazu geben wollen, was die biblische Botschaft für das je eigene Leben bedeuten kann. Bei aller Verschiedenheit wird die Auswahl der Themen die zentralen Botschaften des Alten und Neuen Testamentes umgreifen.

Jedes Buch von »bibel leben« wird in vierzig Leseportionen eingeteilt sein. Die Zahl »40« hat in der Bibel eine gute Tradition: Bei der Sintflut regnet es vierzig Tage, vierzig Jahre dauert die Wanderung des Volkes Israel durch die Wüste, vierzig Jahre regiert König David das Volk – und Jesus zieht sich vor seinem ersten öffentlichen Auftreten für vierzig Tage in die Wüste zurück, um zu fasten und zu beten.

Sie können die vierzig Leseportionen an vierzig Tagen lesen. Vierzig Tage sind auch heute eine gute Besinnungszeit. Die Fastenzeit als Vorbereitung auf Ostern dauert vierzig Tage. Die »Großen Exerzitien« des *Ignatius* umfassen vierzig Tage – und auch in der Trauerarbeit bedeutet dieser Zeitraum einen wichtigen Abschnitt, der anzeigt, dass eine erste Phase der Trauer vorbei ist; früher wurde dies im »Sechs-Wochen-Amt« gefeiert. Es scheint, als ob die »40« für all diejenigen wichtig sein könnte, die etwas zu Ende bringen wollen, um etwas Neues anzufangen; für all diejenigen, die sich über etwas in ihrem Leben klar werden wollen …

Sich selbst eine Zeit zu gönnen, um Bilanz zu ziehen, Perspektiven zu entwickeln, sich neu zu orientieren – warum eigentlich nicht? Manchmal ist es notwendig, um nicht im Alltag unterzugehen, um sich selbst wieder zu finden. Und warum dann diese Zeit nicht mit Impulsen aus der Bibel gestalten? Mit Impulsen aus dem Buch, das jahrtausendealt ist und doch uns Menschen immer noch etwas zu sagen hat? Weil in diesem »Buch der Bücher« ein uraltes Menschheitswissen aufgeschrieben ist, das gültig ist unabhängig von Zeit und Kulturraum – wenn man es recht zu lesen versteht.

Die Bücher von »bibel leben« sind so konzipiert, dass man sie für sich alleine lesen kann – und auch dann noch verstehen kann, wenn man nicht Theologie studiert hat. Aber man kann sie genauso gut als Grundlage nehmen, um sich mit anderen zusammen auf den Weg zu machen, sei es bei »Exerzitien im Alltag« in einer Gemeinde oder bei einem Bibelkreis oder als Einstiegsimpuls bei regelmäßigen Sitzungen eines Teams.

- »bibel leben«: um sich neu auf den Weg zu machen.
- »bibel leben«: um sich zu orientieren,
  neue Perspektiven zu entwickeln.
- »bibel leben«: um aus dem Glauben heraus neu das Leben zu lernen.

Mehr wollen wir mit dieser Buchreihe nicht – aber auf keinen Fall weniger...

Danken möchte ich allen Autoren und Autorinnen, die sich zu einer Mitarbeit bei »bibel leben« bereit erklärt haben – und Dr. Ulrich Sander, der das Projekt seitens des Verlags Herder begleitet.

Und ich bin sehr gespannt auf »bibel leben«.

DAS BUCH DER BÜCHER IM SPIEGEL DER POESIE

Die Bibel in den Worten der Dichter

Herausgegeben von Bertram Kircher

Mit Illustrationen von Julius Schnorr von Carolsfeld

Format: 16,8 x 24,0 cm, 704 Seiten

Gebunden mit Schutzumschlag, *Fadenheftung, ein Lesebändchen.*
ISBN 3-451-28676-9
Für Liebhaber – die wertvolle Prachtausgabe: *in Ganzleinen gebunden mit Fadenheftung, zwei Lesebändchen und Goldprägung auf der Vorderseite sowie auf dem Buchrücken, im hochwertigen bedruckten Schmuckschuber.*
ISBN 3-451-28720-X

Die »Bibel in den Worten der Dichter« versammelt vom Mittelalter bis zur Literatur der Gegenwart alles, was Rang und Namen in der deutschen Dichterwelt hat. Der ganze Kosmos der Bibel wird in dieser einzigartigen Sammlung umfassend dargestellt. Sie erschließt ein neues Verständnis der biblischen Botschaft. Die Sprache der Dichtung lädt ein, dem alten Bibeltext neue Töne abzulauschen und vielleicht Alt-Vertrautes »in den Worten der Dichter« neu wahrzunehmen.

In jeder Buchhandlung!

HERDER